优秀班主任都是沟通高手

齐学红 主编

中国人民大学出版社
·北京·

目录 content

··· 前言：爱学生的真与假 / 1

第一辑　平和的沟通心态

【案例1】半路接班之W篇 / 2
案例反思：平和的心态是做好老师的重要元素 / 12

【案例2】把爱种进她的心里 / 13
案例反思：没有方法和技巧，就是真心爱她 / 20

【案例3】有一种重来，叫战胜自我——小白的高考 / 21
案例反思：高考意味着什么 / 23

【案例4】终于等到这一天了 / 24
案例反思：期待是永远的心情 / 27

● 专家视角：与学生沟通的第一要素是平和 / 28

第二辑　冲突后的沟通

【案例1】开学第一天的争执 / 34
案例反思：师生发生争执，老师要先降温 / 36

【案例2】和谐源于理解 / 37
案例反思：多站在对方角度考虑 / 39
案例点评：老师，请放下身段，真正尊重学生 / 41

【案例3】我要表扬你 / 45
　　案例点评：批评教育中"可是效应"的妙用 / 47

【案例4】一场专属于他的班会课 / 48
　　案例反思：教育要回归本色 / 51

【案例5】我以为你真的不再理我了 / 53
　　案例反思：不再给自己留下遗憾 / 55

● 专家视角：与学生沟通的前提是尊重 / 56

第三辑　四两拨千斤的沟通艺术

【案例1】一盒咳嗽药 / 60
　　案例点评：一剂心灵的良药 / 61

【案例2】早！ / 62
　　案例思考：幽你一默 / 64

【案例3】换一张凳子，换一种习惯 / 65
　　案例点评：走动管理，拒绝懒惰 / 66

【案例4】无法触摸的伤痛 / 68
　　案例反思：让伤痛成为人生的转折点 / 73

【案例5】让小皮猴做三个实验 / 74
　　案例反思：批评学生的方法技巧 / 76

● 专家视角：随机应变的教育机智 / 80

第四辑　善于捕捉教育的时机

【案例1】"名人"效应 / 84
案例点评：机会总是留给有准备的人 / 85

【案例2】做"简单"的事，让她变得不简单 / 86
案例点评：以点带面，发挥典型示范作用 / 88

【案例3】一个人的毕业典礼 / 89
案例点评：抓住教育机会的"唯一性" / 91

【案例4】我被学生"忽悠"了 / 92
案例点评：把问题事件转化为教育机会 / 94

● **专家视角**：与学生沟通的有效性 / 95

第五辑　积极期待的沟通策略

【案例1】"温暾水"也会有奇迹 / 100
案例反思：课间闲聊让师生的心走近 / 103

【案例2】与"温暾水"学生谈话的技巧 / 104
案例反思："积极期待"策略 / 107

【案例3】"做不成张同学，做马同学也好啊" / 109
案例反思：把阳光洒向每一个角落 / 110

【案例4】"两朵红花"引发的教育灵感 / 113
案例反思：自信如金 / 116

● **专家视角**：关注"中等生"教育的断层现象 / 117

第六辑　把学生当作自己人

【案例1】面对这样的孩子,我该怎么办？／122
案例反思：学困生的行为习惯养成教育／124

【案例2】我和"小刺猬"乐乐的故事／127
案例点评："拔毛"还是"捋毛"／129

【案例3】格格不入的雯／132
案例反思：关注每一个学生／134

【案例4】我的点滴关爱,他仍铭记在心／135
案例点评：解决学生的实际问题就是最真的爱／136

【案例5】那些惊心动魄的日子／139
案例反思：唯有把学生当成亲人,才会有真正的幸福感／141

● **专家视角**：与学生交流要以心换心／143

第七辑　与个性十足的学生过招

【案例1】我被他的"认死理"难住了／148
案例点评：班主任如何化解师生矛盾／150

【案例2】这样的你,太有个性了／155
案例点评：老师也需要智慧的"懒惰"／158

【案例3】你是少林武当,我是太极绵掌／159
案例点评：以柔克刚,不露痕迹／167

【案例4】我驾驭不了她 / 169

案例点评：你遇到的这个学生可能是未来的三毛 / 170

● **专家视角：脑"冷"心"热"地对待个性强的学生** / 175

第八辑　五种最有效的对话方式

一、访谈类交流 / 180

【案例】师话实说 / 180

二、周记类对话 / 184

【案例1】聊聊班级的这个那个 / 184

【案例2】彷徨的初中生小强 / 186

三、书信式交流 / 190

【案例】老师，我爱上了他，无法自拔 / 190

案例反思：面对青春期萌发的爱意，教师怎么办 / 197

四、人物素描 / 201

【案例】我对你的印象如此深刻 / 201

五、评语沟通 / 211

【案例】评语是"平"语 / 211

● **专家视角：教育原来可以如此美丽** / 215

… 后记：教育路上，你不是踽踽独行者 / 219

前言

爱学生的真与假

我一直认为，爱学生的班主任和优秀的班主任如果能画上等号，那就完美了。我们知道，优秀班主任都是评选出来的，它有一定的评选标准。无论这些标准制定得多么详细、具体，但是"爱"的多少，是无法量化的。所以，经常会有不爱学生的班主任成为优秀班主任，因为他有业绩，符合评选标准。至于是如何得到这些业绩的，不是评选者所关心的，而真正"眼睛雪亮"的学生并没有发言权。优秀，只是业绩，只是荣誉，无法说明是否有爱。我们知道，有的业绩是需要以牺牲爱为代价的。

如今，社会上充斥着浮躁、功利的氛围，这导致某些教师受其影响，以"爱的名义"做着伤害学生的事。而良知依然在，在那些视学生如子女的老师身上。我想根据我的教学经验，指出真爱学生和假爱学生的一些区别。

真爱学生的老师和假爱学生的老师，都有一张爱的外表，都宣称自己是爱学生的。真爱学生和假爱学生的老师的区别——也许只有那么一点点，但却是决定性的一点点。

真爱学生的老师，如果和学生分开一段时间，会想念学生——想着他们的音容笑貌，会想此刻的他们在做些什么。开学前总是迫不及待地盼望着新学期的到来，好见到自己的学生。

真爱学生的老师，看学生的目光里充满了温暖和柔和，让孩子感觉亲切。这是一种"师爱的眼神"。这种眼神本身是美好的，用这种眼神看到的孩子也是美好的。

真爱学生的老师，当学生毕业后会很伤心，就像掉了魂一样，接了新班，经常还会走错教室，喊错学生的名字。

假爱学生的老师也会很关心学生，和他们谈心，指出他们的错误，并想出很多办法来帮他们改正错误，但他心里想的是："我怎么这么倒霉摊上这么个学生？！都被他害死了！"

假爱学生的老师也会为学生做很多事：表扬、鼓励，甚至自己掏腰包买来一些礼物送给学生……但心里却没有赞赏，只是想这样就可以让孩子更听话，考得更好。

假爱学生的老师也会开展很多活动——为学生拍照片、写日志，轰轰烈烈、热热闹闹……心里却只是想让这些事情做得漂亮一点，为自己增添印象分，然后算计着自己的班级今年一定又是先进班集体。

真爱学生的老师，即使学生犯了大错，也会一边"骂"一边帮他想办法解决问题，帮他扛起负担，甚至帮他撒谎。

当学生闯了祸之后，假爱学生的老师第一反应是"今年的先进泡汤了"，然后是想着怎么推卸责任，再后是愤怒，那种斥责是发自内心的讨厌。

假爱学生的老师，放了假就是解脱了，再也不会想着学生。假期结束，就充满抱怨——又要和这帮孩子打交道了！

假爱学生的老师，当学生毕业后，心中除了计算着考上了几个本科生，就是责怪那些没考上的，不然可以多得多少奖金！恨得咬牙切齿。

真爱学生的老师看到孩子考得不好，是真正地为孩子难过。假爱学生的老师看到孩子考得不好，第一个想到的是怎样找个理由把孩子的成绩从均分中去掉。

真爱学生的老师对后进的孩子充满了同情，和学生谈过话后会轻轻地叹息。假爱学生的老师当着孩子的面表现得温情脉脉，但内心充满了鄙夷。一个显著的标志就是，在学生转身离开后，他会在办公室里嘲笑孩子的智商，大谈孩子的不好、家长的不好。

真爱学生的老师，目光中充满了耐心、关爱、趣味盎然。假爱学生的老师，眼神是冰冷的，满是不屑、不以为然。

虽然他们做着同样的事，说着同样的话，两种眼神却泄露了"天机"：一个是上帝派来的天使，一个是唯我独尊的魔鬼。

真爱学生的老师会"骂"："我真想抽你！"眼神里却充满了慈爱，手停在半空中迟迟下不去。假爱学生的老师总是义正词严地假借班级的立场教育孩子不要给集体脸上抹黑——这是他们最爱说的话，他们真的害怕孩子给班级丢人，其实只是不想让孩子给自己的业绩抹黑。

真爱学生的老师会和学生一起打雪仗。假爱学生的老师不让学生打雪仗的理由，不是担心孩子受伤，而只是烦他们把雪球带进教室影响班级卫生。

真爱学生的老师"刀子嘴豆腐心"，要求也很严，但在给孩子写评语时，总是挖空心思找孩子的优点，文笔不一定优美却充满了善意。假爱学生的老师也许从不骂学生，平时总是说："我这是为你好！"但在给孩子写评语时，从笔尖下流淌出来的都是缺点，写到优点时只是套话，因为他们眼中看到的仅仅是孩子的缺点。没有了情感，再优美的文字也不能掩饰内心爱的缺失。

假爱学生的老师往往在学校里混得很好，因为他们不仅对学生假，对同事假，对领导也假，八面玲珑，见风使舵，游刃有余。真爱学生的老师往往在学校里吃不开，因为他们总是为学生背黑锅，总是把责任往自己身上揽，总是傻到为了学生的利益得罪领导。

真爱学生的老师总是设身处地地为学生和家长着想。假爱学生的老师总是要求学生和家长配合自己的工作，凡事按自己的想法去做。

真爱学生的老师对犯了错误的孩子的家长说的第一句话总是："对不起，我没把孩子教育好，又让你们担心了……"假爱学生的老师在同一个场景下说的第一句话总是："你们怎么搞的，你们的孩子又闯祸了！"

真爱学生的老师是学生和家长眼里的好老师。假爱学生的老师往往只是领导眼里的好老师。

家长把孩子交到真爱学生的老师手上，一百个放心。家长把孩子交到假爱学生的老师手上，充满了担忧和恐惧。

学生像老师，真爱学生的老师培养出来的孩子，善良、真实、善解人意。假爱学生的老师培养出来的孩子，精明、虚伪、自私自利。

学生是冰雪聪明的，真爱和假爱，他们一眼就能看出来，他们用一颗纯净的心在感受，他们是鉴定真假的行家。

所以，请不要在孩子面前"假"。即使你很聪明，瞒过了那些稚嫩的眼神，但终究逃不过良心的谴责。

我还是要说，可以没有爱，但千万不要有假爱！

江苏省南京第三高级中学　陈　宇
2014年5月30日

第一辑
平和的沟通心态

量变引起质变。一个学生尽管基础平平,但只要一直在努力,持之以恒,那么,三年时间就足够产生一种质的飞跃。于是,我们要做的,就是鼓励,帮助。有的孩子就像一棵质地很好的树,长得比较慢,但一直在成长,对此我们要有足够的耐心。

案例 1：半路接班之 W 篇

半路接这个初三班级的时候，前任班主任和我交接，提醒我这个班中有哪几个学生是需要特别注意的，其中就有 W。

"天天迟到，家长根本不管。家长会家长从来不参加，打电话过去从来不接……"看得出，前任班主任为这个学生头痛不已。

"他们家是开网吧的，哪有时间管这个小孩？初一刚开始还行，后面就越来越差，现在全班倒数第一了。除了数学能勉强及格，其他学科一片红灯笼。脑子还行，家长不管，你说能好吗？脾气还冲，曾对老师说'我就是不高兴学你的语文'。"任课老师说。

我看了一下 W 初二期末的考试成绩，语文 130 分的卷子他只有四十几分。

开学没几天，分管校长巡视早读课，见我站在后门那里，特意把我叫出去，叮嘱说："那个 W 同学，难弄的，家长也难弄的。"

果然，开学才两天，他就迟到了，也不知道难为情，一米八的大个子，笔直地站在教室门口大声喊着"报告"，似乎习以为常又故意引起大家注意一样。整个早读的良好氛围一下子被打破了。全班学生看着我，似乎在等待着我发火。

我淡淡地看了他一眼，用下巴示意他到教室最后一排他的位置坐下，轻描淡写地对全体学生说："我们来看下一道题目……"

他走向自己的座位，有点怅然若失地拿出语文书，开始听课。没一会儿，他开始上下眼皮打架，支撑了一会儿，低着头，下巴搁在书上睡着了。

我装作没看见，一边讲课一边在教室里来回走，快到他身边时，他被我的讲课声惊醒，于是继续听课。

开学第一个星期，我按学号和学生们一个个在教室里单独面谈。轮到他的时候，我和他面对面坐下。

我直奔主题："怎么迟到了？"

W："起得有点晚了。没赶上前一趟公交车。"

我："几点起床的？坐哪一趟公交车时间是最合适的？"

W："如果6点起床就可以赶上6:30的公交车。我今天6:20起床的，所以没赶上。"

我："那你早饭吃了吗？"

W："没有。（有点难为情地笑）我从来不吃早饭的。"

我："（吃了一惊）那怎么行？你要到11:30才能吃到午饭，一上午就这么饿着？"

W："有时候会去小店买点饼干。不过一直不吃早饭，习惯了，不觉得饿。"

我沉默不语很久。我知道他的父母是开网吧的，晚上是生意最好的时候，睡得很晚，估计是顾不上给他做早饭了。

我回到办公室，拿了两小包饼干递给他。

他有点吃惊，想推辞，我摆摆手走开了。

在当天的《开学第一周记录》里，我这样写道：

在和W的交流中，我了解到W从来不吃早饭，这真是让我心疼，小伙子正是长身体的时候，怎能不吃早饭？我要和他的父母交流一下，看能否头天晚上帮W简单准备一下第二天吃的饼干或者面包、牛奶之类的早点，让W带着路上吃。

担心W的父母不接电话，于是我给W的父母发了信息，商量如何让孩子能够吃到早饭。他的父母很快回信："我们一定配合！"他的父亲竟然打来了电话，说一定给孩子做早饭，还坦诚地告诉我说对孩子读书上要求不高，只要能考上个五年制大专（高职）就可以了。这样快速的互动让我又吃惊又欣喜。

我心里喜悦着，觉得W能吃到早饭，比准时来上课重要多了。

然而，更让我惊喜的是他竟然不迟到了，整个9月份，他都是早早来到教室，并且告诉我说他的母亲每天起来给他做早饭的。我很开心，于是发短信赞扬了家长。

学生们也惊讶于W的变化，在学校评选9月份风云人物的时候，评委们一致通过了对他的提名。他的照片出现在彩色海报上，颁奖词对他进步进行了表扬。

大家都欢天喜地的，没有人知道我心情的忐忑。

我从来不认为自己是神，轻而易举就可以改变一个学生长久积累的惰性与恶习。以前教过他的老师也说W不会长久的，很快就会坚持不住的。我相信老师的话，他们毕竟教了他两年多，比我更了解他。何况，W虽然早早来到教室，但是瞌睡不断，整个上午几乎有一半时间是在打盹，完全没有学习效率可言。

果然，随着10月份天气渐冷，他就又隔三差五地迟到，到11月份几乎每天都迟到。

我询问过他迟到的原因，其实不问我也知道他的答案，不是起晚了就是误了一班车，说白了，还是睡懒觉了。再打家长电话，就不接听了。第一次要开家长会时，他家长发短信来说有事情来不了了。

一切都在意料之中，我不觉得吃惊。

办公室的老师都很感慨，说W的先天条件其实是很好的，也不笨。如果肯学，一定会名列前茅的。只可惜，就这样把年华虚度了。成绩是全班倒数，一片红灯。尤其是英语，几乎是完全放弃了。

W长得白白净净，很端正，短头发，看上去很精神。如果出现在篮球场上，他更是引人注目，帅气潇洒。作为体育委员，他有很好的管理能力，做事情有板有眼，让我放心。他的音色很好，几乎是班里最好听的男中音。我让W在全班同学面前读过课文，听他的声音，真是一种美的享受。如果进了大学，无论是长相、音色还是体育，这样的孩子都将是真正的风云人物。

可惜了！

每次他迟到了站在教室门口，我都默默无语，示意他入座。

在吃早饭、睡眠、准时三者之间，我宁愿让他选择前面两个。

他的英语是完全跟不上了，考出来的分数甚至比不上我多年前教过的一个低能儿；各科作业除了数学能写几个题目外，其他都不交上来。任课教师也习以为常了。他们都见过他和老师吵架的样子，不想自讨没趣。

我把管理早晨跳绳的工作交给了他，每天早上听他喊："预备——"然后是哨声，我的心里是安定的：他的心，还在这个班级里。

我知道，他是孤独的。成绩太差，结对子除了X有时候会和他一起学习外，几乎没有人愿意；而有时X看到他无精打采的样子，也束手无策。篮球场上，班级里的同学都不是他的对手，他和水平差的同学玩也是没劲的。他每天迟到，已成惯例，并没有人学他的样，反而都觉得他和大家是不一样的。

我没有再和他谈迟到的事，只是为他定了个短期学习目标：语文、数学、物理要考及格。他思量了一下，同意了。

在期末的一个月里，天越来越冷，他照旧每天迟到，甚至有时候整个早自习都没来。我有点着急，担心他生病或者路上出什么事情，打他父母的电话、家里的电话，总没有人接。好在第一节正课开始时他能到教室。我得到了前任班主任一样的待遇：我的苦心鼓励、全班同学的热情期待，都被他每天兜头一盆冷水，浇得心里拔凉拔凉的。

期末的一个月，每天的早读课都是上复习课，他几乎一节课都没有听到。偶尔有时候能听到十几分钟，也是很快就开始打盹，甚至有一次打盹，手里的书都掉到了地上。

北京的柚子老师给我写来求助信，信中谈到她半路接班付出努力却收效甚微，常常感到无助和失败。我心有同感，在回信中写道：

在23年的班主任生活中，我也时常被你所谓的"觉得好失败"、"觉得很无助"、"觉得很无能"、"觉得自己怎么这么没有智慧"的心情包围住，也时常有闷闷不乐、怅然若失的时候。比如现今遇到学生W。

因为，我们毕竟不是神。无法点石成金。这种无力感，很正常。

尤其是在刚半路接班的时候，我们总是会有太多美好的想象，以为自己能够让原来的班风、学风焕然一新，以为自己可以转化某个顽劣学生。

我们常常觉得自己付出了好多好多，可是收效却与付出不成正比。

柚子老师，我想说，这些都是正常的。

你去看茫茫旷野，总有生命力强的树拔地而起，也总有经不起风吹雨打的草儿伏地不起。但正是这样，才组成了真实美好的自然。

一双手，手指有长有短，但每一根都能派上用场。

所以，柚子老师，要放平心态，像范仲淹说的"不以物喜，不以己悲"，该干吗就干吗，不心急火燎要出成效，不急功近利要出成绩。

除了制度的约束，还需要有人文关怀。多发现学生身上的闪光点吧，要除去杂草，最好的方法是种庄稼。

我们都不要失落，都不要觉得无助无力。每天早上进入班级，都好像第一天看见这些学生一样，一切从头开始。

我们不是神，但我们可以做有坚持、有耐心、有期待的人。

和你共勉。我期待W转变，你期待你的学生转变。

是的，安慰柚子老师的同时，我也在安慰我自己。坚持、耐心、期待。但终于我有点沉不住气了，当第二次家长会就缺W的家长一个并且没有请假的时候，当我打电话过去总是不接电话的时候。

接班至今，一切都很顺利，家长和学生很爱我，完全没有半路接班常常出现的各种磕磕绊绊。除了W的迟到和他家长的杳无音信。

我想过很多。

其实，W还是有进步的，比如没有再闯过祸，没有再和哪位老师斗过嘴；比如语文、数学、物理都能勉强及格了，基本完成了我给他制订的计划，尤其是语文，原来古诗文的默写总是零分，现在也能默一些出来；比如作文题目偶尔是他喜欢的，可以写写球赛球员的，他也能写个一两页了；比如以前一直去小店买零食吃，现在也能去餐厅吃午饭了；比如在复习课上也能和同学一起背背历史了；比如他酷爱打篮球，每次体育课的时候都是一路打到下课了还不走，但还是会在下一堂课铃声响起的时候一身大汗地赶回教室……

虽然，离毕业也就一百来天了，只要这样保持下去，反正他家长也要求不高，考个职高而已，还是可以的，只是专业会很差；虽然，谁也不指望他能有什么奇迹发生，只要他不惹事不闯祸，就可以了。对待他这样的学生，做个"杨不管"，相安无事也许最好了；管管他，也许还会惹点麻烦出来。

可是，从内心深处，我是喜欢这样的男孩子的，他的心眼儿真的是不坏。他也可怜，无论成绩多么差，家多么远，还是要每天风里来雨里去地来学校上课。那么喜欢篮球，又有多少时间可以打呢？

记得有一次，因为默写和背书，我在放学后留了他一会儿，天色有点晚，我不大放心，送他去公交车站点等车。怕他肚子饿，买了玉米棒子和他一起吃。他有点难为情，但还是拿在了手里。车来的时候，他握着玉米棒子和我挥手告别，笑容阳光灿烂，像我的儿子一般。

寒假开始了，一直忙到昨天，我终于空了下来。早晨醒来的时候，我做了个决定：去他家家访，并且不打招呼。

我把时间定在下午一点以后。W的父母是开网吧的，会忙到很晚才能休息。我如果早晨去，也许他们还在睡觉，我又是不打招呼突然袭击，恐怕会让他们从床上爬起来蓬头垢面尴尬万分。而W又是喜欢睡懒觉的，恐怕会睡到十一二点钟。那我就一点以后去吧。也许这个时间点他的父母会在打麻将？那也比从床上爬起来好。在这个除夕临近的日子，找个人替打麻将还是比较容易的。

为何不打招呼呢？我知道他的父母怕见老师，估计是怕老师告状吧，反正老师打电话肯定没好事，于是索性不接。如果事先知道我要去，说不定会找借口说不在家避而不见。那我岂不是自讨无趣？可是不打招呼去，万一他们真的不在家呢？那也没关系，我留个纸条好了，等过了年再去，这次先认个路，下次再去就快多了。

车一路开过去的时候，我感受着W每天来回的经历。虽然过年时期，路上的车已经少了很多，但是沿路都在修高架，路面坑坑洼洼，很是颠簸，可以想象在平日里吴淞江大桥那里的拥堵。如果W早晨错过了6:30那趟车，后面一趟就正好遇到上班高峰，那真是没有一个小时是到不了学校的。车子到了W家的村子路口，我下车找当地人问路。还算好找，我很快就站在了他家楼下。这是一幢常见的村民自己建造的两层楼房，院子里搭建了很多小房子，用来出租给外地打工的人。有个中年女子戴着口罩在院子里扫地，我走过去问："这里是不是……"

她抬起头看我，吃惊地问："你是……于老师？"她是 W 的妈妈。

我微笑点头，她赶紧放下扫帚，招呼我上楼。

"哎呀，W 还在睡觉，没起来。"

"没事，我来了，他就起来了。"这懒虫，还真能睡。

"W，快起来，于老师来了！"他的母亲大声喊。

楼上客厅边上就是 W 的房间，门开着，W 在黑暗中快速地穿衣服，我笑起来，和他母亲在墙角的凳子上坐下说话。

"他爸爸呢？"我问。

"哦，在店里，我打电话喊他回来。"他的母亲说。

等她打完电话，我说："两次家长会，我都没有看到你们，其他家长都到了，我担心你们是不是有什么事情，所以今天来看看，和你们说说话。"

"什么？他爸爸不是去参加家长会的吗？我还问他有没有被老师留下来个别谈话呢。"她吃惊地说。

"爸爸没有去。"W 在房间里说。已经穿戴整齐的他走出房间，我让他赶紧下楼去吃点东西再上来。于是 W 赶紧下楼了。

她吃惊极了，再次拿起电话打给丈夫："你没有去参加家长会？你不是说去的吗？你怎么这样？赶快回来，让人替你看一下店。"

不过几分钟时间，W 的父亲上楼来了，提着个热水瓶，拿着两杯奶茶，让妻子把一个小桌子拼装起来，给我泡奶茶。

"W 呢？"我问。

"他去看店了。"他父亲说。

"喊他回来吧，我今天就是要和你们一家三口一起说说话的。"我有点哭笑不得。

"那我去喊他回来。"他父亲下去了。

有好事的邻居跑上来看，问我是不是 W 的老师，我微笑着说："是的，我来看看 W。"

"这老师年纪轻的。"邻居议论说。

"不年轻了，我比 W 的父母大几岁呢。"

邻居下楼去了。

屋子里静下来。

"于老师，其实我这个儿子自从你接班之后，已经好多了。以前和老师吵架，还逃过学，我们都急的，还被喊到校长那里去过。所以，我和他爸现在就希望他不要出事，成绩也顾不上了。"他的母亲说。

难怪他的家长再也不肯到学校，不接老师电话，原来他们是怕了学校了。

"他每天回来书包轻的，都不看书的，作业不做，喜欢听音乐，电脑在他房间里，上网，每天夜里老晚才睡，早上我们也喊他的，喊不起来。接到你的短信后，我现在早上一直烧早饭给他吃的。"他母亲继续说。

一家人全齐了。我把一杯奶茶递给 W："赶紧喝点甜的，睡到现在不吃东西，容易低血糖。"我自己端起另一杯奶茶喝了一口。

"今天我来，主要是因为两次家长会都没有看到你们，不放心，所以特意来看看。特别是这次家长会上，我讲了一些关于职高志愿录取的事情，很重要的，怕你们不知道。现在职高录取和以前不一样了，变成了网上招生，到规定的那一天那个时间点，要看着电子屏幕选学校选专业，分数不高手脚不快，好一些的志愿就根本报不到，我在边上看都觉得有一种要争分夺秒的感觉。现在抓腐败那么严，没有一个校长敢冒险违规录取分数不上线的学生，被人家一举报，校长都别想做了，还要挨处分。所以虽然 W 只是想考个职高，但是还是要分数的。要想进好一点的专业，分数要求还是比较高的。W 可以去问一下上一届的初三毕业生，他们那一届就开始网上招生了。"

"我今天来，还想和你们说，其实 W 是个很好的人，人性很好，也有进步，我都看在眼里的。我给他定的短期目标，他基本都能完成的，也不再是班级里倒数第一了，进步到倒数第二了。"

"所以，我今天特意带了个礼物来送给他，奖励一下他。"

我打开带来的红色礼盒，"这是一个活性炭雕刻的马，可以放在你的书桌上，又美观……"

"又能吸附空气里的污染物。"W抢着说。他有点兴奋地看着这个精美的活性炭雕。

"对，你化学课上学过的哦。5年内有效。5年后就只能当个装饰物了。"

他的父母有点吃惊，但是刚才惴惴不安的表情渐渐消失了。

"W喜欢打篮球，这很好，是个健康的活动，总比一直闷在家里上网好。如果W上午稍微睡个懒觉，起来后做做寒假作业，读读背背古诗文和英语口语，下午去打场篮球，晚上做做数理化，那么这个寒假就很有意义了，生活方式也很健康了。"

W连连点头。

"其实，我一直有个计划，没有和你说过。我想等有一天，你7门功课能有5门及格了，我就组织一场班级篮球赛，让你打个痛快。我知道你一直偷偷在放学后去打一会儿球的，索性光明正大地痛快打一场。"

他兴奋地笑起来。

"于老师，其实，W带回来的那本你们班级的优秀作文集我也一直看的，上面有你写的文章，你自己成长的经历也不容易啊！"他的母亲说。

"是啊，要不是我的祖母坚持，不放弃，我的人生完全不是现在这个样子。医生说我先天不足，严重软骨病，长不大。可是你看，我现在不是挺好的？"

"答应我，别放弃，和我一样，坚持。总会有更大进步的。"我用坚定的目光看着W。

"嗯！"W点头。

"关于你的迟到，你父母喊你你不听，那么，我每天打电话喊你如何？我反正每天早上五点半要起来做早饭的。"我看着他和他的父母。

"老师，不要不要。我一定能起来的，一定。"他赶紧摆手。

"或者,实在不行,我每天到你家来喊你,然后和你一起坐车去学校?"我说。

"不要不要不要,老师,老师,我一定起来,一定一定!"他叫起来。

大家都笑了。

"好吧,先看你的表现,实在不行,我就那样做。你知道我的脾气,我会坚持的。"我说。

"老师,我保证,我保证!"他赶紧说。

"好啦,我要走了。你赶紧吃饭吧。"我站起身来。

他的母亲拿过两个礼盒:"于老师,也没啥送你的,你带上这两盒水果吧。"

"呵呵,不要,你要是给我,我就再也不管你儿子了。"

推了好几次,他的父母终于放下了礼盒。

一家人送我下楼,我再次关照家长今后要仔细阅读每次收到的"路路通"短信,如果要求家长到学校就一定要准时到,因为下学期大量的中考信息和一次次的志愿签字要开始了。

W的父母连连点头答应。

我让他母亲赶紧回去,家里门还开着呢;让他的父亲赶紧去看店。这才看到其实他的店就在对面。

W送我到路口,我们聊了几句,我再次关照他赶紧吃饭。一番寒暄后,我们挥手告别。

我期待着开学后W的表现,用一颗平静的心。

我不是神,但我依然可以做有坚持、有耐心、有期待的人。

(江苏省昆山市葛江中学 于 洁)

案例反思

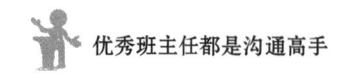

平和的心态是做好老师的重要元素

我很难去厌恶一个学生，尤其是在自己做了母亲以后。这是我儿子教会我的。

"你们老师眼里的好学生，不一定是好学生；你们眼里的差生，不一定是差生。有个老人每天到教室里来收空瓶子，所谓的好学生看到他邋邋遢遢的蛇皮袋，都是站得远远地把瓶子往里抛，倒是那个一直被老师批评的差学生是好好地把瓶子递到老人手里的。谁的内心更明亮一些，我们做学生的自有一把尺，和老师的不大一样。"他说。

他说得有道理。这也许可以用来解释很多老师一直不明白的一件事情：毕业后，在路上亲亲热热和老师打招呼的似乎"差生"多一些，而曾经的所谓好学生冷漠的多一些。

不得不承认，我们总是会被那些所谓的差生弄得心烦头痛。一次次教育、一次次反复后，我们几乎失去了耐心，要么彼此冷漠以待，要么针锋相对。

我时常问自己："从事教师职业，到底给我带来了什么？"

在从教23年后的今天，我可以给出很明确的答案了："是自身修养的提高。"

我不会耿耿于怀一个学生的无礼冲撞，不会对一个学生的一次次犯错恼羞成怒。

因为，他还是个孩子。

"算了，他只是要面子而已。"我会这样安慰自己。

"这个方法对他不灵，那再换一种吧。"我会这样思考问题。

"他也不想变成这样的，只是因为积年旧习，要一下子改变很吃力，慢慢来吧。"我会这样宽慰自己。

"他已经有所改变了,只是一次反复而已。螺旋形前进,正常的。不能放弃,重新开始吧。"我会这样鼓励自己。

……………

微笑于面,智慧入心,终于拥有一颗平和的心。

这是教育的重要元素,也是人生的重要元素。

(江苏省昆山市葛江中学 于 洁)

案例2:把爱种进她的心里

燕子,一个身材苗条、长相秀美的女生,不爱主动说话,但一旦打开了话匣子,她会滔滔不绝,眉飞色舞。

第一眼看到她

在她初入中学之时,我因请假动手术,错过了看到她在初中生活伊始的种种情景。开学后最初的两个星期,坐在44人教室里的她并未引起代班老师的注意。我去上课的第一天,目光就停留在了她的身上:坐在教室的最后一排,长长的刘海儿遮住了半边脸,身上的衣服很不合身,短短的,似乎是比她小两三岁的孩子穿的。"怎么像没人疼的孩子?"我的心一下子被揪了起来。立刻翻看关于她的档案:父母离异。可当时班级里父母离异的孩子大约有十个,她为什么如此显眼?

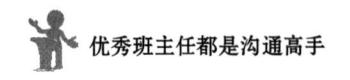

详细了解情况

为了进一步了解情况，我在班级找到和她同村的孩子询问；在年级中找到和她曾在同一个班级的学生询问；找她的奶奶、姑姑询问；却唯独没有找她爸爸。因为在他们的描述中，我异常惊讶地发现，那是怎样的一个爸爸啊！暴力——在孩子三岁那年，打走了她的妈妈；冷血——在她爷爷造起的别墅里，和孩子的后妈舒服地住着，却让自己的老母和年幼的孩子住在搭起的小棚居里；无情——自己在麻将桌上流连，老母在工地上干活儿以备养老的钱，却还是被无情地掠夺，倘若不给，便是无休止地打骂。后妈常吹枕边风，说孩子怎么怎么不听话；小学里每次家长会都是后妈来，然后迎接孩子的就一定是一顿毒打。她姑姑虽然有心相帮，可爸爸每次都出言威胁，因此，姑姑为了保护自己的家庭，也只有与燕子家少来往了。这是怎样的一个家庭啊！

这几个星期以来，每天放学后她都是在校园里徘徊、与其他同学在校园周围逗留，不愿回家！我预感不妙。

突发事件——"离家出走"

开学后的第四个星期，就在我了解了情况，准备开始与她谈心的时候，一件万万没想到的事情发生了：孩子离家出走了。她姑姑哽咽着告诉我，因为她爸爸星期五晚上用一根拳头粗的铁棒打了她，说她偷拿了家里的钱。全村人出来劝，都没有用，孩子是被赶走的……谁也不敢上前。

在了解情况的时候，我就知道她成绩很差，有些行为习惯也不好，在与别人说话的时候，喜欢用尖锐的语气保护自己……可是这些现在都不重要，重要的是孩子能安然无恙地回来。

我心急如焚，希望孩子能尽快安然无恙地回来。于是悄悄地动员所有与她相识的学生搜索信息：网吧、QQ、关系稍近的同学。终于在那个周三的晚上，她上了QQ，经询问得知，她已经到了上海，在一个男性网友的家里，正打算找工作。我不能让她自此毁掉自己。我在 QQ 上霸道地对她说："你是我的学生，虽然才有几个星期的相处，但你是我的 1/44，我需要你。你得回来！"她想了很久说："可我没路费了。"我立刻回道："我和你姑姑去接你。"她终于在周六回来了。在知道她完好无损的时候，我的心一下子宽慰了很多，心里对那个网友和他一家人充满感激。

周一上午，在我的办公室里，我说了这几天对她满满的担忧。她说："老师，那笔钱我绝对没拿，我不是小偷。继母（总是）冤枉我，爸爸每次都相信她的话。我觉得自己现在一点价值都没有了。对不起，让你担心了，但是我很喜欢被你牵挂的感觉。"我说："你姑姑、奶奶、其他老师和班上你的 43 个同学都挂念着你呢！你看，你是一个多么受欢迎的人。"听了这话，她的眼睛明亮了起来。

解决孩子住的问题

我和她姑姑、姑父商量，能不能让孩子住在他们家。姑姑、姑父担心她爸爸胡搅蛮缠而略带犹豫。我说这个工作由我来做，好心的他们欣然同意。我与她后妈取得了联系，她后妈爽快答应了。因为只要她每月出 200 元的生活费，节省了不少。她奶奶说她愿意多贴一些，只要孩子生活得开心就好。

我嘱咐孩子，在姑姑家里，要帮忙做点家务活，姑姑本来就三班倒，很辛苦的；平时有什么事情，多让着弟弟，不要和他发生争吵。她笑着说："老师，这些我都懂。"可怜的孩子，懂事得让人心酸、心疼。

解决落下的功课

为了给燕子补上落下的功课，我和各门功课的课代表碰了个头，一说明，可爱的孩子们就说："老师，你放心，我们肯定会做好的。"然后，我就在课后经常看见有同学簇拥在她周围。慢慢地，我在她的脸上看到了笑容。有时，还会听见她说："老班，这个题我不太会，帮我讲下吧。"我为她感到高兴。

帮助她树立信心

燕子出走回来后的那次数学测试她只考了 7 分，数学老师万分沮丧，这个孩子还有得救吗？我让数学课代表在辅导她功课的同时，每天给她出一份有两三道题的小"试卷"。就这样，在同学的帮助和老师的关心下，她迎来了期中考试数学 53 分的好成绩，尽管仍然不及格，但她已经进步了很多。

树立了学习的信心，燕子对班级里的事情也更热心了。她从小就在家里做各种家务活，独立性强，所以在她身上看不到半点娇气，每周班会课得到班长表扬的同学里都会出现她的名字：帮助其他同学值日；清扫了小明今早的呕吐物；一周八项常规评比中，她所负责的那块草坪一分没扣……她渐渐变得更加开朗和自信。

谈谈头发问题

任课老师对她的发型深恶痛绝，因为上课很难看清她的表情，每次都只与她的一只眼睛对视。遮住半边脸的斜刘海儿在当时十分流行，她又是一个爱美的女生，因此她听了副班长（女）的修剪头发建议后暴跳如雷。这出乎我的意料，我原本以为凭副班长和她的交情，她即使不同意也不会反应如此强烈。我决定找她谈谈。

"燕子，你觉得你现在的发型怎么样？"

"很美啊！"语气不善，带着明显的抵触。

"假如我也剪这样的发型，你觉得怎么样？"

她扑哧一声笑了出来。"那你站在讲台上会成什么样？"她半带调侃地说道。

"你就看我半边脸呗。"我故意放下头发让她看看效果，"好看吗？"

"不好看。"她撇撇嘴。

"你觉得你现在好看吗?"我把镜子递给她。

长久的沉默。

"燕子,你为什么留着它?你的脸很美啊,有次你甩头发的时候我看见过。不过可惜就看到了那么一次。为什么不让其他同学也看到?"

"因为……因为我脸上有很多痘痘,不能细看。这样可以遮掉一些。"

"那真是值得祝贺的一件事。"她听了诧异地抬起头,我继续说道,"因为这代表你长大了呀。我上初中时也长青春痘,而且比你的还严重,只要注意一下清洁和饮食问题,就会慢慢消失而且不会留下痘印的。"我把一些注意事项和她讲明,她若有所思地点了点头,可还是不乐意剪掉头发。唉,固执的小家伙!

我猜想她是因为没有安全感,于是找了个折中的办法。我从自己的头发上取下一个夹子,说:"这个给你放在口袋里,上课的时候你把头发夹到边上去。因为你需要看清黑板,老师也需要看到你对所讲知识点的反应。下课了,你就把头发放下来,好吗?"

"好的。"她同意了。

后来的几年里,每到上课时她总是露出大大的额头,老师们都很高兴。而她上课抬头的频率也比以前提高了很多,因为她慢慢发现根本没人注意她的痘痘,除了她自己。

叫了第一声"妈妈",试着改善"母女"关系

初一的出走事件之后,在与她面对面的交流和谈心中,我发现她的心中,恨远远大于爱,唯一的柔软处是提到她奶奶和她姑姑时,我很担心她的将来。所以,我引导其他学生尤其班干部,学着和她友好交往,把她的优点放大到同学面前,也引导她正确地评价爸爸和后妈。

后妈的抱怨来自得不到燕子的肯定,而她早就将后妈排斥在心门之外。该如何缓解她和后妈之间的关系呢?于是,我在家长会上肯定了后妈对她的关心,这让后妈赚足了面子。私下里,我对后妈提出需要改进的地方,她也欣然同意。在我和孩子的交谈中,我引导孩子看到后妈的难处及她最

希望得到肯定的地方。终于，孩子把"阿姨"改成了"妈妈"。那一刻，她们紧紧相拥，热泪盈眶。后妈开始给她买合身的衣服了，会关心她的学习了。燕子也在初一下学期回到了她的家，住进了那幢爷爷造起的别墅里。似乎一切都正常了起来。

燕子会理解人了

平淡的日子里，燕子偶尔会收到我给她的小礼物：写有鼓励语言的小燕子装饰品、苹果、饼干、我获得的奖品——茶杯、同事发的喜糖、红蛋……燕子每次都很欣喜，同时也在变化着。她的变化让每一个和她相处的人都有目共睹：后妈生病了，她会陪她去医院检查；老师咳嗽了，她会快速地去办公室帮忙倒开水；她去喝喜酒了，收到的喜糖总是会留给我；英语默写后，她总是挤出时间飞快地准备好、订正好，还帮我催促其他人抽课间来订正，以便让我早点回昆山。她的体贴和善解人意，让我知道她是如此善良，爱的种子再次生根发芽了。

反反复复中

可是，三年中并不都是一帆风顺的。由于燕子爸爸本身的劣根性，还有涉及后妈的根本利益（后妈一直想要把燕子排除在那幢别墅的继承名单外，好接来她与前夫所生的那对双胞胎儿子），以及孩子本身的特点所决定的贪玩，他们的矛盾又一次发生了。初中二年级的一天晚上7点多钟，我接到了她姑姑的电话，说她接到孩子奶奶的电话称孩子还没有到家。我很着急，因为下午4:30就放学了，我和每个孩子打好招呼后，看着他们背着书包回了家。我意识到这次可能会更棘手。她姑姑让我先别急着赶到石牌，帮忙提供点线索就好。终于，我在网吧里找到了她。

她生气地告诉我，家里又爆发了战争。爸爸在奶奶那里没有要到钱，摔坏了奶奶小屋里的所有东西，她因帮奶奶说话，又被赶了出来。可第二天，爸爸放水淹了那个小屋里的东西，包括被"扔"进去的她的衣物、留在家里的学习用品。她姑姑和爸爸也吵翻了。燕子说:"老师,我什么都没有了,只有这一身衣服。"

我把她抱在怀里,"不,你还有书包。你想离开这个家,不想再回去了,对吗?"

"是的,那儿不是我的家。"

"那你想怎样离开?就这样被赶出去?我倒觉得不如挺直腰板地出去——让他们后悔。为自己的将来多多谋划。你这样毫无出息、自暴自弃地出去不是正中了继母的下怀?'你看,我说她不行吧。'以后,我们要用自己的作为让他们后悔曾经那样对你,没有好好珍惜你。你觉得呢?"

"那我接下来怎么办?"

"好好读书,体面地离开这个家。先住回去,但我会请你奶奶、姑姑为了你通过正规途径解决问题。你看呢?"

后来,村委会的介入使得理亏的后妈灰溜溜地躲回老家好一段时间,爸爸也沉寂了不少。那段时间她最快乐,对我也更加依赖,人也乐观了很多。我又引导她:"这段时间爸爸好吗?奶奶好吗?家里的气氛好吗?"

"奶奶和我很快乐,可是,爸爸不好。"

"继母肯定会再回来的,那时你会怎么做?"

"尽量避免和她冲突,尽可能地和平相处。"

"好的。燕子,你一定能靠自己过上好日子的!"

从这起事件后,我不停地给燕子灌输这种靠自己过上好日子的念头。我对她说:"我是我们家到昆山打拼的第一代人,很辛苦但很快乐,因为我知道我的孩子接下来就会在昆山站住脚跟。你和我一样,也是打拼的第一代。我们一起加油!"

她的中考

就这样,在磕磕绊绊、起起伏伏中,初中三年很快就到了中考的那一天。不料瓢泼大雨,很多孩子的身上都湿透了,我一一打电话叫家长送来了衣物,同时为燕子换上了我的衣服。她开始不肯穿,说:"我穿了你怎么办?"我说:"我在办公室里开空调,快听话!"然后,我为每个孩子冲好生姜糖水,特别用双手递给了燕子,笑着送他们进了考场。

很快,通知书就来了,她被录取了。我们都很高兴!她后来说,这证明她真的努力了。但没想到的是,她放弃了。因为,爸爸不给她交学费,而奶奶年纪大了……我想了想,理解了她的选择。

(江苏省昆山市石牌中学 钟海琴)

案例反思

没有方法和技巧,就是真心爱她

其实,回忆燕子的事情,心里一直酸酸的,为家长的不负责任,也为她现在的状况。

那年8月,她在石牌一家工厂找到了工作,月薪1500元。我说:"很好!祝贺你自立了!"教师节时,她买来了一个大西瓜。我招呼所有的任课老师一起来吃,并对燕子说:"这是我们今年吃到的最甜的西瓜。"11月份,她说,她做师傅了,带了5个徒弟。我欣慰于"小白天鹅"的诞生。过春节了,因为平时省吃俭用,她存了一笔钱。和我商量,打算给爸爸、后妈各1000元,我说:"做得不错!"可没想到的是,他们嫌少,他们想要的是她的存折。很过分的家长!燕子居然答应了!我反复叮嘱燕子千万不能泄露密码,身份证一定要放在自己身边。

就这样又一个半年后,取不出一分钱的爸爸恼羞成怒,撕碎了她留在家里的衣服,摔坏了她的手机,身份证也被夺走了。年迈的奶奶只有垂泪的份儿。燕子说:"老师,我又没地方可去了。"我告诉她尽快挂失卡,修改密码,去补办身份证,买一个手机。

她又一次被迫从家里搬了出来,在凤栖园和别人合租了一套房,就在初中同学家的楼上。我放心了不少,但还是担心她的饮食问题。有几次到我这里来,她早饭都没吃。我说:"以后再不吃早饭,午饭不给蹭了。"她笑着点头。

很多老师看完这个案例,都叹气说这真是钝刀割硬木,割的人累,看的人也累。很多老师说要是换了自己,遇到这样家庭的学生,真是会没辙了。

其实,在与她相处的过程中,我并没有什么方法和技巧,只是始终坚持着。

坚持着尽可能地给她我能给的关心、爱护,让她知道我始终站在她身后,和她一起面对困难,并能想方设法帮她解决一些问题。

坚持着引导她做一个正常的人。不让恨意占据她的心,而是学会以德报怨;加强情感教育,让她体会到付出爱是一件幸福的事。因为只要心中有爱,生活自然处处是美好,再苦也能熬过去。

现在,她依然让我牵挂。担心她没有吃饭,担心她容易上当,担心她一个人会害怕……

燕子,你一定会飞得更高、更稳,你也一定会更快乐的!因为你是一个心中充满爱的人。祝你幸福快乐!

(江苏省昆山市石牌中学　钟海琴)

案例3:有一种重来,叫战胜自我——小白的高考

那是12年前的事了。小白是我班上的学生。那个班是我中途接手的,学生的能量也是了得,男生居多。小白属于那种家境较好的学生,人很聪明,但一点也不肯学,成绩很差。他除了不爱学习,个性还特强,基本上

不买老师、学校领导的账。只要他不满意，不管是什么老师，他都会理论一番。用今天的观点来看，他是个问题学生。让人欣慰的是他对集体很热心，劳动起来不要命，一点也看不出纨绔子弟的样子，什么脏活儿累活儿都干，对同学也热情。以我的个性，是很喜欢这样的男孩的，所以小白一直和我关系特好。

可是，我也没有能让他好好学习。只要谈到学习，谁的话他都不听，包括我的。只要不谈学习，和他什么都好说。小白的父母当时忙着做生意，根本管不了他，妈妈管得多一点，但对他的成绩也是望洋兴叹。我带的那个班是普通班，普遍的成绩都不好，小白的成绩尤其差。

小白那届是1996年参加高考，当时我的班在普通班里是考得最好的，但小白只考了200多分，连大专都上不了。后来传来消息，说他要复读。我是不赞成他复读的，因为他底子实在太差，以我的经验，复读根本没有意义。在我看来，家境富裕的小白根本不是读书的料，而且他过去对学习、对高考一直深恶痛绝，我实在搞不懂他为什么要复读。但是他一意孤行，非要去复读，还信誓旦旦地说第二年一定要考上。虽然我认为小白是在痴人说梦，但决定权毕竟在他不在我。

小白去了一所县城中学。那是一个升学率相当高的学校，学生的成绩太好了，每年考上清华、北大的都是一大把，在清华一个班里经常就有好几个高中同学。那所学校说自己的升学率，只谈一本考上多少，考上二本的学生几乎不记入在内。我怀疑当地的学生从来没有见过像小白这么差的学生。当时去县中借读的城市学生还不是很多。小白复读的那个班，有60多个学生，他当然是最后一名，而且离倒数第二的分数很远。

我们一直保持着联系，两个月后，小白居然说他已经不是班上最差的了。我感到不可思议，他的高中几乎等于没读，重新拾起来哪里是一朝一夕的事，我不敢相信。但是随着时间的推移，消息不断传来，小白的名次在往前赶，有时居然能排到三十几名。我没有亲眼见到，总是不太相信。

一年之后，小白参加了他的第二次高考，550多分，考上了南京化工大学。

小白兑现了自己的诺言——一定要考上大学。

我怎么也不相信,一个第一年只能考200多分的学生,一个高中几乎没有学习的学生,居然用一年的时间,把高考成绩提高了将近两倍,一脚跨进了大学的门。

我始终很好奇,因为如果连小白都能考上,那我们班个个都应该能考上。什么原因促使他去复读,什么力量使他的成绩进步如此之快?事后我问了他,小白对第一个问题的回答很简单,说拿到成绩就呆掉了,三年高中读下来只考了300多分,太对不起父母了,发誓一定要复读考上大学。但发誓的人多了,我更想知道的是他是怎么用一年时间学完三年的功课的。关于这点,他只反问了我一句话:"你知道我当时苦到什么程度?我学得贫血,有几次几乎昏倒。"

(江苏省南京市第三高级中学 陈 宇)

案例反思 AN LI FAN SI

高考意味着什么

这只能是一个个案。小白说了几句体会:很多事你没经历过就不可能明白,当时你叫我学习,我父母叫我学习,说如果这样下去你什么大学都考不上。我明知你们的话是对的,但就是听不进去。高考考试刚结束时都没有感觉,就是在拿到分数条的一瞬间——200多分!你们的话我全明白了。

而我现在经常和学生说的是:很多事你其实不必要亲自经历过才幡然醒悟,因为别人已经走过了。前面有个坑,明明知道是会掉下去的,你还往里面跳,掉下去才后悔,有这个必要吗?

我和小白，到底哪个是对的？任何事情非要付出惨重的代价以后才能进步吗？我陷入沉思。

但有一点我非常明白，哪怕基础再差，只要痛下决心，潜心攻读，基本都能战胜高考。高考，与其说是对学习基础和能力的考查，不如说是对一个人恒心和毅力的考验，从这个意义上说，应试教育并非一无是处。

那一年，我那个班上考得最好的一个学生，是从高二下学期才开始发奋图强的。后来他谈自己的学习经验时，一大段话我已记不太清了，有一句，我认为可以说明一切："我当时连洗脚的时候都在看书。"现在他是博士了。

高考算什么？我一定能打败你！摆明着就那么几招嘛。但高考是"姜太公钓鱼，愿者上钩"。想战胜它，就得付出代价；否则，被高考打败，就愿赌服输，没二话说。

高考其实很简单，它在明处，就这么回事。问题是你愿不愿意接招，用毛主席的话说，是"纸老虎"。但是这只纸老虎，却把大量的胆小鬼拒之门外，而对想继续学习的人，能安静地坐下来学习的人，有了一个公平的交代。这就是我对高考的评价。

（江苏省南京市第三高级中学　陈　宇）

案例 4：终于等到这一天了

今天是语文早读课，那几个英语一直要重默的学生没有时间在早晨读英语了，我心里担忧着他们不知道默写得如何。

正准备拿了要批改的作文本回行政楼办公室的时候，英语老师在后面喜悦地大声说："新杨今天英语默写过关了！这是她中学三年以来第一次英语默写过关!"

"真的吗?"我回过头去盯住英语老师看。

"真的,我也不相信,再仔细看了一遍,真的默得很好。课堂上我看着她默的。呵呵,进入中学第一次哦。"英语老师眉开眼笑。

一下子忧虑感消失了。我拎起包带了作文本下楼往行政楼走,要是这时候谁在路上遇到我,一定会看到我满面的笑容。

记得9月份刚接手这个初三班级的时候,我就关注到了新杨很差的成绩。

她似乎一天到晚都在做数学题,可是考出来的成绩却是很低的不及格分数。让我不舒服的是,她似乎只知道死做数学题,其他功课全部丢弃不管。中午的时候还不去吃饭,说要减肥。

我有点生气了,这是什么思维?学习上、生活上都是傻瓜思维。明明可以抓一下其他功课轻轻松松就可以提高总分数的,偏要抓一门丢六门;中午不吃饭根本不能减肥,只会让自己注意力不集中,大脑迟钝,对身体损伤也大。"早饭一定要吃,午饭一定要吃,你真要减肥,那就晚饭少吃点,吃得清淡点。这点基本的生活常识都不懂,午饭不吃,真是找死。"我在班会课上狠狠地说。

上午第四节课快下课的时候,我就守在班级门口,等着他们下课,门一打开,我就冲进去喊:"吃饭去!"

人是铁饭是钢,一顿不吃饿得慌。我可不允许我的学生糟践自己的身体。人生路还长着呢。

其实,开学不久,我就和新杨有了默契,我们可是同月同日生。这个概率非常小,我教书23年,一共就只有小悦和新杨两个学生和我同一天生日。

那自然彼此说话不用拘束了。我指责新杨对我们其他老师不好,不热情,不好好学其他功课,一张脸一天到晚拉得老长,没有一点笑容,好像谁欠了她八辈子债一样的。

"你就不能对我们笑笑吗?看人从眼镜上面看,像对我们翻白眼一样,讨厌!"我和她面对面坐着,不满地冲她说话。

她被我逗得笑起来。"这不挺好，笑起来多好看，不许再对任课老师翻白眼！"我说。

她果然热情起来了，进大办公室的时候，不再像从前那样只找数学老师了，而是会到各门功课老师那里去订正作业或者默写了。

我看在眼里，心里想着如何在英语默写上帮一帮她。因为说到底女孩子在语言学习上还是有天赋的，只要花点功夫一定会进步的。

英语老师也在想办法动脑筋，想帮助这些英语上薄弱的学生。我明白英语老师的心思，要是每天不去读英语、不好好默写英语句子，分数低了以后很快就会选择放弃英语。这损失可就大了。

现在，每天放学的时候，新杨他们都会主动去英语老师办公室抄写明天要默写的十几句英语句子，回家好好复习。如果第二天是英语早读，那么这几位经常要重默的学生就到教室对面空教室里去，结成学习对子，一起把这些英语句子理解、熟读、背诵。

这样，慢慢地，郑郑、潘潘开始有进步了，有几次不重默了，潘潘有一次甚至还得了 95 分。新杨虽然有进步了，可还是不及格。

我心里默默鼓励她："不着急，只要在进步就好。"

前一段时间，新杨和郑郑闹了矛盾，我没有参与调解，想静观其变，看看她们两个谁的心胸更开阔一些。

新杨生日那天，我送了她两条饼干、两条小巧克力架和一个生涩的柿子，排成了她生日日期的形状。她不客气地悉数拿走了。

新杨这个生柿子，我等着她成熟起来呢。

到了晚上，收到了她的短信："于老师生日快乐！晚来的祝福，本来准备早上给你发短信的，结果停机了。嘿嘿，我跟郑郑和好啦。大概是前个星期五的美术课上，刚从办公室出来，教室里除了她没其他人，我就叫住她准备道个歉。解释清楚后她先道歉了，我们重归于好了。想想也是，我性子直，比较冲动，毕竟两年的同学了，没必要弄得敌对的。好了，不早了，早点睡。晚安。"

嗯，不错，两个人心胸都比较开阔。我喜欢。

月考的时候，我正好在最后一个考场监考，开考前我在一张纸上写了一行小字给她看："多考几分，你就可以换个考场了。"她对我点头。考试的时候做得很认真。

果然，在年级里她进步了40多个名次。那么，下次考试的时候，她真的要换个考场了。我打心眼里为她高兴。

其实，不用不吃饭减肥的，"为伊消得人憔悴"，若是勤奋读书，自然就会瘦下来了。

现在，听到英语老师喜悦的话语，我心里默默地说："新杨，我终于等到这一天了。"

这一天，是你英语学习的一个里程碑。三年来，你第一次英语默写过关，值得祝贺！

特写此文，以资鼓励。

（江苏省昆山市葛江中学　于　洁）

案例反思
AN LI FAN SI

期待是永远的心情

新杨生日那天，我送的礼物中有个生涩的柿子。

"先不要去碰它，现在可不能吃，要不然会涩得你说不出话来。"我关照她。

"那怎么办？"她吃惊地说，"就是看看玩玩，不能吃的吗？"

"当然不是。你把它放在窗台上，让阳光照着它，偶尔给它翻翻身，耐心等待一段时间，你就会看到它慢慢变成青中带黄、淡黄、深黄、橙红。那真是一个奇妙的色彩魔术。你会发现它渐渐变软，到最后几乎有点透明到能够看到里面橙红色的果肉。那时候就可以吃了。甜蜜蜜的糯。"我这样向她描述。

"真的吗？这么神！"她高高兴兴又半信半疑地走了。

在我心里，她就是那个生涩的柿子，我期待着她在阳光沐浴下变得逐渐成熟。

若是问我，这些年来，什么样的心情一直贯穿在你的教育中？

我会毫不犹豫地说："期待。"

期待看到学生真实的内心；

期待学生与我敞开心扉交流；

期待看到学生产生良性变化；

期待我的播种开花、结果……

农民一样地精耕细作，拒绝一切不符合自然天性的方式。

相信"一分耕耘，一分收获"。

（江苏省昆山市葛江中学　于　洁）

[专家视角]
与学生沟通的第一要素是平和

这些年与大量的一线班主任教师接触，有了一个很大发现：在班级违纪事件发生后，优秀的班主任和一般的班主任，他们的心理路程是不一样的，对待屡屡违纪的学生，处理方法更是截然不同。

听到或者看到本班学生违纪事件，大多数班主任的第一反应都是不舒服，心里恼火。这是人之常情。区分点就在接下来的做法。

一般的班主任很快就带着火气去教育学生了。于是结果有两种：要么班主任以绝对的强势震住了学生，学生吓得赶紧认错，班主任赢了，内心有一种"跟我斗,也不看看我是谁"的得意;要么针尖对麦芒,师生矛盾扩大升级,家长齐出动,终于从不可开交到偃旗息鼓,弄得两败俱伤,要修复师生关系需要很长的一段时间。

但优秀的班主任不这样。

他们在教育违纪学生之前,会有一段独特的心理路程,会在内心的波澜起伏中先熄灭自己的火苗,等冷静下来理性地分析了情况后,再去找学生处理违纪事件。这个时候,他们的心态是平和的,处理的结果也是往好的方向去的。更好的是在处理违纪事件的过程中,师生关系非但没有受到损伤,甚至会让学生更加敬重自己的班主任。

我们来看看顾取英老师在得知学生违纪后的一段心理路程。

一个人在办公室默默地吃东西。两个茶叶蛋,一个包子,一个一个,一口一口,平静地,慢慢地,一声不响地。

不知道为什么,生气的时候喜欢吃东西:把很多吃的放在桌上,然后开始慢慢吃,狠狠咬,细细嚼,似乎只有这样才能把所有的烦恼和不快全部吞下。

昨晚值班老师告诉我,404宿舍几个男生在抽烟。尽管多次告诫自己不要生气,要冷静面对学生的各种违纪行为。可还是忍不住心里的火气往上蹿,有点难过。开学至今,一再强调遵纪守制,想尽办法用各种方式引导他们向上、向善,可还是会有学生违纪。违纪的几个学生中,有我一直以来默默帮助的,有前几天个别聊过进行鼓励的,甚至有我比较信任的班干部……

早上,一向七点之前进班的我,不想早早进班。六点半一个人来到办公室,批改昨晚剩下的默写作业。七点时,进班。看见几双躲躲闪闪的眼睛,他们似乎想从老师的脸上看出点什么,又似乎害怕看出点什么。

我一如往常,提醒值日、交作业、背书,然后走到隔壁班上早读去了。上完早读从隔壁班出来,办公室走廊里一排六个男生齐齐地站着了。江老师很奇怪,问:"顾老师,他们怎么啦?"我狠狠地回答了一句:"不知道。"一眼不看,进办公室喝了一口茶又到二班上第一节课去了。

时间很快，一节课过去了。从二班出来回办公室，他们又站在门口了。垂着头，如霜打的茄子。我没吭声，默默走过，回办公室吃我的早饭。就这样默默地，一口一口吃着……

我不知道我为什么还会生气，还会难过。昨晚我看于老师的博客，还在慨叹她的睿智从容，渴望自己能像她那样做一个有智慧、有耐心又平和从容的人，可是事来之时自己却又总是无法冷静！

是生气？是难过？是失望？是不愿意原谅？

其实终究会原谅他们的，我知道。就像以前和女儿闹些小矛盾，也会生气不理她。然后，女儿走过来怯怯地喊一声："妈妈。"我就再也生不起气来了。

因为有爱，才会有期望；因为有期望，在孩子犯错的时候，才会难过，会伤心。也许拥有更多一点智慧、更多一点方法、更多一点成功之后，我也会变得睿智从容、平和淡定吧？

生着气，又何尝不是痛恨自己无能？

唉，我的孩子们啊！

（江苏省昆山市鹿峰中学　顾取英）

在这一篇文字中，我们看到了顾老师真实的内心世界，看到她从一开始对学生的生气难过、失望到对自己的理性分析，到后来的一声叹息："我的孩子们啊！"

"我的孩子们啊！"这六个字的力量是强大的。一方面告诉自己他们还是孩子，犯错是正常的，一次次教育后仍然一次次犯错也是正常的。更重要的是，内心深处对学生们的爱占据了上风，消除了强大的负能量，暗示自己将以一个成年人的冷静与理性去处理问题。这个理性，已经不是单纯追究学生的责任，更多的是思考自己该如何用更好的教育方法。

由此，我们看"平和的沟通心态"这一辑中的四个案例，就能明白于洁老师、钟海琴老师、陈宇老师之所以能做到对学生"不放弃、不抛弃"，就是因为他们与学生交流时始终是带着平和的心态。

《半路接班之 W 篇》中有些句子令人印象深刻。

我从来不认为自己是神,轻而易举就可以改变一个学生长久积累的惰性与恶习。

每次他迟到了站在教室门口,我都默默无语,示意他入座。在吃早饭、睡眠、准时三者之间,我宁愿让他选择前面两个。

我期待着开学后 W 的表现,用一颗平静的心。我不是神,但我依然可以做有坚持、有耐心、有期待的人。

《把爱种进她的心里》中"怎么像没人疼的孩子?!""这是怎样的一个家庭啊!""你是我的学生,虽然才有几个星期的相处,但你是我的1/44,我需要你,你得回来。"让我们深切地了解了钟老师透过燕子同学的违纪表象后对她的真诚疼惜。

《有一种重来,叫战胜自我——小白的高考》中有这样的话:"用今天的观点来看,是个问题学生。让人欣慰的是,他对集体很热心,劳动起来不要命,一点也看不出纨绔子弟的样子,什么脏活儿累活儿都干,对同学也热情。以我的个性,是很喜欢这样的男孩的,所以小白一直和我关系特好。"这让我们更明白唯有理性、平和地分析学生的优缺点才能维持良好的师生关系。

《终于等到这一天了》中的生日礼物令人感慨,教师的心态如果是平和的,那么问题学生也可以成为默契相知的好朋友。

我非常赞同于洁老师在"案例反思"中提出的农民种地般做教育的观点。顺应天时,不违自然,插秧除草,松土除虫,播种希望,期待丰收,始终是怀揣着一颗平和的心。

(南京师范大学班主任研究中心 齐学红)

第二辑
冲突后的沟通

不论是老师还是学生，都应该多站在对方的角度思考问题。老师与学生之间的沟通，也应该在一个相对平和、相互尊重的环境中进行。只有用心去沟通，才能真正理解对方，也才能让学生更愿意接近你、接纳你，愿意听从你的教育，与你合作，才能营造和谐的师生关系和班级氛围。

案例1：开学第一天的争执

小军同学初一报到时给我的第一印象是：高高瘦瘦、白白净净的一个男生，有着几分可爱，只是动作和语言上缺少了一点阳刚之气。我想，这可能是身体发育和心理成长上存在着一点差距吧。也恰恰是这一特点，使他成为了50多个新生中，能给我留下深刻第一印象的几个孩子之一。

第二天，也就是初一新生正式上课的第一天，我利用晨读的时间，按身高给大家排了座位。接下来，我让全体同学起立，从纵向上进行调整。当我调了几个同学的座位后，发现有一个学生居然坐在教室最后面角落的位子上歪着头望着窗外发呆——他就是小军同学。班主任第一次安排事情时居然走神，这让我又好气又好笑。

"哎呀，还有一位同学怎么坐下了？站起来。让老师看看你和前面的同学谁更高一些？"我笑呵呵地说道。小军同学似乎什么也没听到，还是直直地望着窗外。

"最后面的那个男同学！站起来！"我的声音变得有些严肃了。同学们也开始将注意力转到了小军同学身上。然而，他依然是充耳不闻、纹丝不动。

这让我的怒火腾地一下冒了上来。我径直走到他身边，提高了嗓门道："我让你站起来！听到没有？"

他将脸转过来，不解地看着我："你又没有叫我！叫的是他们！"

"我让全体同学起立！你难道不是初一（1）班的一员吗？"我强压着怒火。

"我不是！你就当我不是好了！"小军也毫不畏惧地提高了嗓门冲着我喊。

全班同学的目光齐刷刷地盯着我们俩。从来没有学生开学第一天就敢这样和班主任冲撞，我恨不得将他拎起来赶出教室！但是我马上意识到，这个孩子情绪上有些问题。如果再这样你一言我一语地对抗下去，只会激化矛盾，解决不了任何问题，甚至对于我以后管理班级都会带来严重的不良影响。也许这个孩子对自己这个座位不满意,想发泄一下情绪。或许他是在故意激怒我,扰乱秩序,在同学面前炫耀自己?不管怎么样,这个事情要冷处理。

我淡淡说道:"哦!呵呵!大家都请坐!第一节是英语课,拿出英语书,预习一下第一课。"

接下来,我单独叫小军同学来到我办公室了解情况。路上,为了缓和一下刚刚充斥着火药味的气氛,拉近师生距离,我试图把一只手搭住他的肩膀和他并排而行。气呼呼的他甩开我的胳膊说:"别碰我!我自己会走!"这个小家伙还真是个"刺头"。

到了办公室,我没有批评他,而是让他坐在我的对面冷静一下。一分钟后我问他:"说说看,刚刚是不是老师安排的座位你不满意?"小军看了我一眼没有出声。但从他的眼神中,我感觉到他的情绪稳定了下来。我继续说道:"刚刚在教室发生的事情,老师没有在全班同学面前批评你,而是单独叫你过来谈心,一是感觉你有情绪,二是要给你在大家面前留点面子。你说对不对?""嗯!刚刚的事情和座位安排没关系,我是想故意激怒你,让你把我赶出教室!然后打电话叫家长来接我回去,我就可以不用上学了!"小军同学淡定的回答,让我大吃一惊。这个孩子怎么了?

经过一番交谈,我了解到,小军同学在小学三四年级时父母离异,之后,父母双方对他要求差异太大,导致他产生了严重的厌学情绪。上初中前,他就听说初中比小学学习压力大得多,学习内容也难得多,自己肯定受不了。今天早上和我发生争执的目的,就是为了让老师叫家长带他回家,以达到逃避上课。

原来如此!我差点让他的如意算盘得逞了。经过半小时的劝导,小军同学答应我,今天可以留在教室,体验一下初中的学习,并且不会和任课老师发生争执,也不会和同学闹矛盾。

(江苏省昆山市葛江中学　张　锰)

案例反思

师生发生争执，老师要先降温

现在的初中生，甚至是高年级的小学生，随着年龄的增长，个性和见识也随之增长。他们对老师不再像低年级小学生那样盲目地崇拜和听话了，他们有自己的见解和主张，有强烈的自尊。老师不可能把自己的意见强加于他们，也不可能简单地规定不准干什么、不许怎么样，更不能对他们仅仅加以呵斥和责骂，否则只会招来反感、叛逆，甚至是形成师生长期对立。因此，适当的忍一忍也不失为一种方法。以小军为例，若在当时的场景下对他进行严厉批评，不但起不到教育作用，反而会让他产生对立情绪，师生关系可能会进一步恶化。这样的话再想去与他沟通或进行教育，难度就会加大。

所以，当师生发生争执时，老师要先降温，哪怕心里很恼火，也必须控制，因为双方针锋相对，不利于事情的解决，何况班级里还有其他学生在场。尤其是初中学生，特别要面子。在师生发生冲突的时候，初中生往往会为了在其他学生面前保持"不屈不挠"的面子，就算明知自己有错，也会辩解到底。教师了解了他们这样的心理，就应该抑制自己的怒火，让自己平静下来。这样有利于冲突尽早解决。

当然，这并不等于在师生起冲突的时候，教师要表现出软弱，而是在自己心平气和的情况下更利于教育学生。等大家都心平气和时，教师可以采用恰当的方式去和学生沟通，对学生的错误进行批评。为防止在批评过程中再一次激化矛盾，教师要注意下列几条：不作人身攻击，不侮辱人格；少用命令方式，少用否定句；让学生先讲，让学生把话讲完；把握节奏，循序渐进。

（江苏省昆山市葛江中学　张　锰）

案例 2：和谐源于理解

背景

（1）2010 年 9 月，学校安排我接初三（1）班的班主任。接班刚刚一个半月，我对学生的性格脾气还没摸透，了解得不是很全面。后来发现，这个班的学生个性非常鲜明，尤其是男生，性格倔强的特别多。这可能与初一、初二时班主任是女老师，对学生管理比较宽松有关，学生有点得寸进尺。

（2）刚开完一年一度的秋季运动会，我们班运动会成绩相对去年有了很大进步，学生比较亢奋，心收不回来。

案例

春季学期时间比较紧张，再加上初三面临着中考的压力，所以我校一年一度的运动会选在第一学期秋季举行。由于以前班级体育成绩不太理想，本次运动会前我在班上做了大量工作。体育班长小琛也为本次运动会出谋划策，成为有功之臣，不仅本人项目出色，而且在思想动员方面下了不少的功夫，因此运动会成绩比去年有了很大突破。但运动会结束后，意想不到的事发生了。

运动会结束的时间大约是下午 4:30，距离放学还有半个小时，学校要求在班里上自习。作为接班班主任，正好可以利用这次运动会成绩突破的机会，来加强凝聚力教育，推动班级工作全面开展。虽然在操场上已经忙碌了将近一天半，但我还是对学生们的表现进行了全面总结。总结结束后距离放学还有十多分钟，我就让小琛到体育器材室去送运动会班牌。这期间，我有点事去了趟办公室。当我再次回到教室的时候，班里是一片嘈杂，学生们已经背好了书包，准备回家。这时我气不打一处来，就调查是谁胡乱发号施令放学的。

由于刚进教室时，看到一名学习成绩优秀的男生在那里指手画脚，我把他从教室里叫出来，就从他那里入手调查。经过询问，得知是体育班长小琛回来通知大家放学的。我朝窗外看了看，校门口的确有初一的学生，但没有一个初三的学生。这时，我就故意在班上问是谁通知放学的，可小琛就是不说，并且一副毫不在乎的样子。为了给他留点面子（毕竟这次运动会他出了不少力），放学后，我才将他和那位成绩优秀的男生一起叫到了办公室。

我让他们两个站在那里反思一会儿，考虑一下为什么叫他们到办公室来，考虑好了过来给我说。大约过了两分钟，那位成绩优秀的男生就过来承认了错误，然后我就让他回家了。

小琛站在那里一言不发，仍然是一副满不在乎的模样。原本以为那位成绩优秀的男生已经给他做了榜样，想给他一个机会让他下台阶就算了，可是他却无动于衷，就是一言不发。我气不打一处来。没有办法，心里想："如果今天我治不服你，以后还怎么管你？"我最后就跟他说："如果不跟老师说，就把你家长叫来跟你家长说。"

又等了一会儿，事情还没有进展，我只好打电话把家长请到了学校。家长来的时候，办公室里正好还有一名初一年级时带过这个班的班主任。只见家长和他打了一声招呼，我心里暗暗有一点不妙的感觉，想必家长是办公室的常客了，只是我还不知道罢了。小琛母亲来的时候，身上还有涂料，原来刚刚分了新房子，正在家里装修房子。这时我像推皮球一样，把他交给了他母亲。到了母亲跟前，他一个劲地嘟囔："我为班级运动会做了那么多贡献，不就是早放了一会儿学吗？值得这样大惊小怪的吗？再说这又不是第一次了。"他就是不承认自己的过错。这时我感到他无药可救了，便对他母亲说了句："既然没有错误，你就把他领回家吧，什么时候想通了再送来。"

当他母亲听到我说这话的时候，情绪非常激动，突然捂着胸口，小琛见状赶快给他妈妈捋了捋胸口，然后拉着母亲就走，"走就走，我不上了"。当他母亲听了这句话，一只手指着他说："你今天非得把你妈气死不可，什么时候能改改你的犟脾气？"一边说一边流出了眼泪。我赶快将她搀扶着坐在椅子上。这时小琛见妈妈被自己气得心脏病复发了，便跪在我的面前，哭着说："老师，我错了，我答应过妈妈不让她再生气的。原以为我这次为班级作了那么多贡献，你不会再追究这点小事的，没想到你与以前的班主任不同，对我要求那么严格，是我……"我赶快将他扶起："如果你早跟老师说这话不就好了吗？还会发生现在的事情吗？刚才也是老师一时冲动，不该对你说出那样的话，你能原谅老师吗？"

他微微地点了点头，我让他在我和他母亲跟前坐了下来。这时，他妈妈的情绪也渐渐平静了。"老师可别这么说，都是我平时对孩子教育不严，孩子太任性，才发生了今天的事情。"请学生母亲来的目的不就是将事情处理好吗？为什么还没有跟家长说上一句话，就要让家长领着孩子回家？这是做班主任的大忌。我感到这事做得太鲁莽了，连忙向他母亲道歉。气氛一下子缓和起来。看到小琛刚才对妈妈那么好，我及时表扬了他的孝心。他不好意思地低下了头。在一片祥和的气氛中，我们进行了交谈，事情得到了圆满处理。从那以后，他在学习中表现得也非常优秀。

后来，在一次和他的谈话中得知，那天事情的转机，完全是因为他的一片孝心才改变了他倔强的性格。看到妈妈被自己气得心脏病复发了，再仔细想想事情的前因后果，他终于低下了倔强的头，承认了错误。

（山东省济南市槐荫中学　秦桂海）

案例反思

多站在对方角度考虑

（1）如果我能冷处理这件事，可能就不会发生让人担忧的事情了。作为一名老班主任，应该遇到特殊问题特殊对待，不能一味地用老办法去对待新问题，不能急于求成，不能让学生非得按自己的想法去做。当一切办法无济于事时，心里想："如果今天我治不服你，以后还怎么管你？"到现在认真地思考一下，当时真不该有这种幼稚的想法，学生是发展中的人，可塑性比较强，不会是一成不变的。

（2）学生是一个个鲜活的个体，每个人都有自己的思维方式。对待不同的学生要用不同的方法，一把钥匙开一把锁。与学生谈话要营造民主、平等的氛围。班主任采用商量的口吻说话，学生会觉得老师尊重他。这样学生没有精神压力，没有心理负担，心情愉悦，注意力集中，师生才能够有效地进行情感交流，才能谈得拢、谈得好。

（3）理解与沟通是学生工作的桥梁。"这又不是第一次了？"面对这样棘手的问题，班主任对事情不能操之过急，应该先与家长进行沟通，交流对事情的看法，共同做学生的工作，不能一上来就让家长领着孩子回家，正像事后家长所说："既然这样，还叫家长来干什么？"在生活中往往会遇到这种情况：学生犯错误时，会以种种借口来掩饰或推卸责任。这时，班主任便会大发雷霆："你怎么这么多理由，明明做错事情还死不承认！""我就知道你会找理由来推卸责任，这是你一贯的做法。""我不相信你所说的，你骗过我好多次了。"这样一来，班主任越是训斥，学生越不服气。尤其是品德后进生，有较强的自尊心，更需要婉转地进行说服教育。如果这时班主任说："你做事情前能否考虑一下别人的感受呢？假如别人做的事情损坏了你的利益，你能若无其事吗？""虽然我能理解你为什么这样做，但是我不赞同你的行为，因为这样对你的成长不利。""你认为这样做值得吗？如果我是你的话，我就不会那样做了。"这样的教育既表达了自己的真实感受，又保护了学生的自尊心，学生会从中体会到老师的期望和爱护，也会领悟到自己的错误。通过这件事，我不断地反思，今后在工作中碰到不愉快的甚至令人愤怒的事情，首先要在心里提醒自己："我是班主任，教育学生是我的责任，我要以教师的职责迫使自己忍耐难堪的局面，压抑即将发作的脾气，完美地解决问题，给学生以信心和鼓励，切记勿用恶语伤害学生。"

（4）不能用学生的成绩来抵消过错。要让学生明白哪些事是对的，哪些事是不对的，要有判断是非的标准，只有这样才能促进学生健康发展。要因势利导，就像表扬他有孝心一样，抓住时机，化解矛盾。有些事情，本来没必要争个曲直长短，但却形成了尴尬的局面。如果非追究不可的话，结果只能是越来越糟。遇到这种情况，聪明的办法就是去发现学生的闪光点来进行化解。清代教育家颜元说过："数子十过，不如奖子一长。"孩子的成长需要激励。激励就如冬日的一抹暖阳，会抚去学生心灵的阴霾，促使学生在自信、自尊、自强中成长。

其实，不论是老师还是学生，都应该多站在对方的角度来思考问题，老师与学生之间的沟通，也应该在一个相对平和、相互尊重的环境中进行。只有用心去沟通，才能真正去理解对方，也才能让学生更愿意接近你、接纳你，愿意听从你的教育，与你合作，才能营造和谐的师生关系和班级氛围。

（山东省济南市槐荫中学　秦桂海）

案例点评
AN LI DIAN PING

老师，请放下身段，真正尊重学生

当看到这篇文章前一部分案例经过时，感觉挺压抑的，后来看到作者自己的反思，释然。"人非圣贤，孰能无过"，有反思才能不断进步。尽管作者已经进行了反思，我还是想再点评几句，算是对反思的再反思，从一个旁观者的角度再次解读此案例。

（1）"在这期间，我有点事去了趟办公室。当我再次回到教室的时候，班里一片嘈杂，学生们已经背好了书包，准备回家。这时我气不打一处来，就调查是谁胡乱发号施令放学的。"

  关于放学，班级有无明确的规定？如果没有规定，班主任不在，体育班长的指挥也不错，班主任为何要生气呢？班主任生气的原因不外乎是学生擅自做主，且违反了学校的规定。但是，如果换一个思路，班主任改生气为表扬呢？在表扬之后，指点他今后遇到这种情况时该怎样处理即可。这个班干部的能力很强啊！只要稍加点拨、指导，发挥他的长处，以后将是一个怎样的得力助手啊！可惜啊！这么好的一个机会就这么错过了！为什么所有的事班主任都要抓在手上呢？如果这个班级一天离开了班主任，岂不是天下大乱？这场风波的起点就有问题，班主任应该从这里开始反思。出现这件事后，如果班主任觉得需要规范管理，那么应该就放学的管理制定一个简单的规则，无论班主任在不在，按规定执行即可。体育班长完全可以把这个责任负起来，他是有这个能力的。要充分发挥学生的能力，人尽其才，同时班主任也减轻了负担。

  （2）"我让他们两个站在那里反思一会儿，考虑一下为什么叫他们到办公室来，考虑好了过来给我说。大约过了两分钟，那位成绩优秀的男生就过来承认了错误，然后我就让他回家了。"

  班主任的想法很直接——你承认错误我就放你走。学生知道了班主任的这个特点，为了减少麻烦，不管心中有何想法，服气不服气，"承认错误"即可早点脱身。试想一下：这是培养了什么样的人？培养奴才啊！班主任不需要学生有自己的想法，只要和我一致就是对的，"顺我者昌，逆我者亡"。这个做法不好，我们的教育经常让学生学会了狡猾、圆滑，将来对整个社会都有不良影响。我们要鼓励学生说出自己真实的想法，而不是一味地屈从。即使学生的想法是有问题的。

  （3）"如果不跟老师说，就把你家长叫来跟你家长说。"

  这是班主任最常用的杀手锏，遗憾的是，效果并不好，应尽量少用。这个案例中学生的情节还没有达到要请家长的地步，班主任完全可以自己解决。家长那么忙，非必须，不要轻易动用这个"武器"。何况，请家长的理由是班主任说话学生不听,因为学生有自己的想法。把家长作为救兵和人质,迫使学生认错,在孝心驱使下认错,不可!万万不可!

(4)"如果你早跟老师说这话不就好了吗?还会发生现在的事情吗?刚才也是老师一时冲动,不该对你说出那样的话,你能原谅老师吗?"

我要毫不客气地指出,这样的道歉依然是居高临下的,不够真诚。教师向学生认错是需要勇气的。因为教师和学生地位的差别以及出于维护自身权威的角度,教师很难在学生面前放下身段,即使认错道歉,也不真诚。从以上的叙述中我们看出,班主任必须等学生先认错之后,才向学生道歉,说明他依然不能放下自己的面子而有意无意间把所有的责任都推到了学生身上。主动道歉确实是很难,但一个优秀班主任应有的素质和人格魅力是什么?如果发现了自己在工作中有失误,可不必等学生道歉,而是自己先行一步。身教重于言教,这就为学生做了一个很好的示范。希望作者继续反思。这些细节,可能还来不及反思,现在我提出,供秦老师参考。

(5)"事情得到了圆满的处理。从那以后,他在学习中表现得也非常优秀。"

这是很多教师在撰写教育案例中的通病,为突出教育效果,体现教育方法之精妙,会在叙述完成之后加上这一句,"从此他就……"、"以后他再也没有……"如何如何。而这恰是我们在写作时尤其要避免的。教育不是万能的,也不是一蹴而就的。一次教育可能会收到一定的效果,但一定是短期的,随着时间的推移会衰减,学生的表现可能也会反复。我们就事论事地讲述完这一次教育的结果即可,不必牵扯到以后怎样。要写真实的话,即使他后来表现确实优秀了,也是教师长期教育、关注的结果,不必在文中特别强调。

(6)"他终于低下了倔强的头,承认了错误。"

我依然不能明白小琛错在何处。班主任不在,体育班长宣布放学,过去就是这样的,"这又不是第一次了"。因为母亲的心脏病复发,出于孝心而违心地承认错误,这是教育的失败。作者的反思已经很多,但是,仍然不够深入。这样的理念如果不改变,以后还是会出现类似的情况。学生低下了"倔强的头",是班主任彻底的失败!如此教育,令人胆战心惊。如果那天小琛同学的妈妈没有发病,此事又该如何解决呢?如果小琛同学的妈妈发病在学校出事了呢?那就酿成大祸了!后怕!我看不出来班主任在此前的教育措施有哪一点是得当的,即使到了最后,问题看似"圆满解决"了,我心情依然沉重——我认为问题没有解决,因为班主任的很多想法和做法都是有问题的。

(7) 品德后进生。

这个提法要慎重!特别是在案例反思中出现,暴露了作者内心深处的一些想法。

(8) "虽然我能理解你为什么这样做,但是我不赞同你的行为,因为这样对你的成长不利。""你认为这样做值得吗?如果我是你的话,我就不会那样做了。"

不知怎么的,我觉得这几句"婉转"的教育语言,看后很不舒服。依然是居高临下地教训,虽然看似口气缓和了一些,但我仍觉得很刺耳。其实,和学生谈话,贵在真诚、交心,温柔是爱,强硬也是爱,鼓励是爱,"骂一骂"还是爱。只要和学生的关系默契了,谈话的技巧是第二位的。如果师生双方没有真诚,即使谈话再注意策略,仍然透着虚假。所以,班主任最需要解决的,是和学生的关系问题。而建立良好的师生关系,最重要的就是真诚。当然,这个和本案例关系不大,扯远了。

(9) "不能用学生的成绩来抵消过错。"

这个提法非常正确!这才是有原则的班主任。赞一个!

[结语]

本案例值得反思的地方太多。作者切不可以为已经反思过了,就完成了任务。这样的反思必须是深入的,不仅是从策略、技巧上的反思,更应该从教育思想、理念上进行反思。因为很多事情,说白了,不是方法问题,而是教育工作者的思想立足点的问题。作者的最后一句说得非常好:"老师与学生之间的沟通,也应该在一个相对平和、相互尊重的环境中进行。只有用心去沟通,才能真正去理解对方,也才能让学生更愿意接近你、接纳你,愿意听从你的教育，与你合作，才能营造和谐的师生关系和班级氛围。"

既然已经意识到了，那就应该在实践中努力做到这些。如果要我用一句话点评本案例，我要说：师生之间，要做到真正意义上的人格平等，教师要做到从内心里真正尊重学生，谈何容易！谁迈出了这一步，谁就是真正的"人师"、"仁师"！

以上是我真诚的点评，语言有些犀利，且仅代表个人观点，不当之处，希望秦老师谅解！应该说，反思是一种习惯，反思也是进步的动力源泉之一。希望反思能促进班主任尽快成长。秦老师已经是一位优秀的班主任，作为我带的徒弟，我的要求高了一点，希望能"严师出高徒"。其实很多地方，我也难以做到位，很多话，既是对秦老师说的，也是对我自己说的。共勉！

（江苏省南京市第三高级中学　陈　宇）

案例3：我要表扬你

晚上十点半接到宿管的电话。

我心里咯噔一下，这么晚打电话肯定没什么好事！

她问我："你们班同学有没有打电话给你？"我说："没有。"

短暂的停顿之后，她说："晚自习前，你班一位同学把宿舍查分的单子给撕下带走了。"

她连珠炮似的叙述了整个事件，说她今天有点失误，使得这个宿舍的分算错了。这个同学发现后，她已经耐心地和她做了解释，但是她没有想到这个同学竟然把单子给拿走了。

安抚了宿管，我向其承诺立即找该生了解情况，并及时给其回复。

第二天晨读课上，我宣布要表扬一名同学。大家都很奇怪，竖起耳朵来听到底是哪个。

我说，这位同学让我昨天十点半还接到了宿舍打来的电话。这时，住校生明白我要说什么了，走读生还是一头雾水，纷纷向住校生打听昨天的事情。

我接着说："虽然老师很生气，但是老师没有像以往一样发火。昨晚接完电话之后，老师想了很久。我今天一定要表扬吴同学，因为她让我看到我们班同学越来越爱我们这个班集体了。如果不是因为这件事她也不会那么冲动。老师也很庆幸，昨天很冷静。如果老师发火了，简单地批评她违反了学校的规定，那就很不妥了。"

"虽然如此，老师还是有点遗憾。我为同学的处理方式感到担忧。我们采取了一种既伤害别人也最终会伤害自己的方式，这一点老师是不赞成的。"

"今天既然这个事情已经发生了，老师觉得我们还是要想个方法把这件事处理妥当。老师知道这当中宿管有错在先，但是我们想想看，我们是不是也有错在后呢？是不是别人错了，我们就一定也要用错误的方式来回应呢？老师觉得我们还是可以采取一点主动的方式，所以，老师还是建议她能够先给宿管阿姨道个歉，我想宿管也会主动和你说声'对不起'。"

她有点不情愿地接受了我的建议。

中午我给她发了一条信息，内容如下。

一个小朋友不小心把手割伤了，跑来和妈妈说他的手在流红水儿。妈妈看着他本想发火责备他怎么不小心（这也是中国母亲常见的处理方法），但是母亲在发作前的瞬间停了下来。马上找来纱布给孩子做了包扎，之后让孩子带她去出事的地方，把安全隐患做了处理。这个母亲的做法至少教会了孩子出了事情之后该怎么办，而不是和以往一样一味抱怨，把责任推卸到别人身上。

读到这个故事的时候，我也想到了我接到宿管电话时的情形。我没有批评你，我知道批评无济于事。我想通过这件事能够让你明白如何去处理和他人之间的冲突。当晚，我就想到了，第二天我要表扬你，但是同时也要告诉你该如何正确处理这个问题。所以,我希望我的这个处理对你是有帮助的。同时很感动你有如此强烈的集体荣誉感。

晚上我收到她的回复:"知道了!我明天会给宿管道个歉!"

事后反思:不要简单地对学生的行为作出判断,要多关注其行为背后的动机,从知、情、意、行等多个角度作出综合分析。简单的判断只能让我们产生错误的情绪,错误的情绪只能让我们产生对学生行为的抱怨,抱怨只能让我们推脱自己的责任。我们教会学生正确应对问题的方法,这才是重中之重。

(江苏省南京江宁中等专业学校 陈 斌)

案例点评

批评教育中"可是效应"的妙用

批评学生是一门艺术。方法运用得当,可以起到很好的教育效果;如果简单粗暴,不讲策略,激起学生的逆反心理,不仅达不到教育效果,反而会让事情朝着更糟糕的方向发展。不当的批评可能会对学生造成很大的伤害和长期的负面影响。本文作者陈老师采取的批评就是很艺术的,体现了他的教育智慧。如果对这种批评做一个理论提升的话,那么,陈老师在无形中利用了心理学上所谓的"可是效应"。

说服心理学中的"可是效应"在批评学生错误或者说服别人接受自己的意见时,能发挥非常好的作用。简单地说,"可是效应"就是"欲抑先扬",先采用肯定的态度("是"),保护了对方的自尊心,从而为下一步的"可是"打下很好的基础和铺垫。先"是",后"可是",对方就很容易接受你的观点。如果一上来就否定，极易引起对方的逆反心理。产生了抵触情绪，即使你说得有道理，他也听不进去，这样就很难达到预期的教育效果了。

陈老师为了让吴同学意识到自己行为的不当之处，首先从吴同学的行动中找出其中可以理解甚至值得肯定之处加以表扬——肯定了她的良好动机，缓解了她的心理压力，然后再点出其错误之处并建议纠正。在运用"可是效应"教育学生时，一般需要注意三点——可喜的是，陈老师做得很好！

（1）理解。"如果不是因为这个她也不会那么冲动。"

（2）同情，或者说换位思考。"不要简单地对学生的行为作出判断，要多关注行为背后的动机。"

（3）温和。"老师还是建议她能够先给宿管阿姨道个歉，我想宿管也会主动和你说声'对不起'。"

最后，陈老师看到吴同学还有一些不情愿，继续用短信的方式进行后续教育，可谓用心良苦。将心比心，我想，面对这样用心的班主任，吴同学还有什么不服气的呢？陈老师的信息内容很长，学生回复得很简单，投入和产出似不成正比，但这就是教育——教育是不能简单计算成本的。为学生取得一点进步，教师往往要花费大量的时间和精力。优秀的班主任做教育就是这样，循循善诱，在平淡中彰显智慧。

（江苏省南京市第三高级中学　陈　宇）

案例4：一场专属于他的班会课

人物介绍

宇豪，男，初一某班学生。

主要特征：个子高，身体结实，爱笑。

爱好特长：长跑、手球。

现任职务：体育委员。

主要"病症"：特爱吃零食，行为随意，作业马虎，不求上进。

事件回放

丁零……

踏着清脆的上课铃声，我抱着一叠白纸走进了教室。

"亲爱的同学们，今天这节班会课，主题为'我眼中的宇豪'，咱们一起来帮助他详细了解、剖析自己，好吗？"我自信满满地说道。

"好！"同学们异口同声地应和着。

"请大家在下发的白纸上写下他的优缺点。"我边说边发纸张。

"沙沙沙"，笔尖接触纸面发出的声音，在安静的教室里显得格外清晰。

我将视线转向宇豪。一秒、两秒、三秒……这时他刚好抬头迎上了我的目光，还是那招牌式的微笑，还是那略带羞涩的表情。

"好了，最后一个同学站起来收！"伴着我的一声令下，同学们利索地交齐了纸张。

"下面请诺言同学来读一读优点部分。"我果断地指明了班中的"嘹亮之音"。

"宇豪同学乐于助人，有一次我忘记带钱了，没法吃饭，他知道后毫不犹豫地将钱借给了我。""他很乐观，即使有时候因为作业的缘故被老师批评了，也总能一会儿就忘记不开心，很快就又与我们打成一片。""运动会上他努力拼搏，不怕苦不怕累，为咱们班夺得了很多荣誉。""他笑得特别灿烂，内心很阳光！"……诺言在台上认真地朗读着同学们给宇豪罗列出的优点。

"感谢诺言同学的朗读。大家都有一双善于捕捉美的眼睛，都有一颗善于发现美的心灵。经过这次，老师也了解到了宇豪同学身上更多的优点。接着，让我们一起来听一听缺点部分吧。"我示意诺言同学继续朗读缺点部分。

"他总是去小店，不夸张地说，每下一节课就去一次。""作业时有拖拉，特别是回家作业，有时只做一半，甚至早上来学校抄作业。""课堂上，有时会打瞌睡，有时还要顶嘴。""字写得太潦草了，他那名字我都认不出了！"……听着这一条条"触目惊心"的"罪状"，我偷偷地观察着宇豪的神情，只见他表情严肃，脸上的笑意也全无。

"同学们，通过刚才的活动，咱们对宇豪同学的优缺点都有了一定的了解。人无完人，人身上总是存在缺点的。宇豪同学身上的某些缺点其实是完全可以改正的，而且一旦改正，他将成为一颗闪闪发光的新星。现在请大家在下发的纸上投下你宝贵的一票。对于他担任体育委员一职，如果你看好他，对他依然有信心，那么就在名字后打钩，反之，则打叉。"说完后，我扫视了一下全班同学，他们都认真地在投票。

后经公开唱票，宇豪同学以42票的绝对优势票数，再一次迎来了全班的热烈掌声。我让他上台发表感言，这时的他笑容又一次绽开，严肃认真地说道："感谢大家对我的支持！还有那一票我一定会争取来的。经过这次班会我清楚地认识到了自身的优缺点。今后我不仅要把体育委员工作干好，成绩也要提高上去，不辜负大家对我的期望！"这时教室里又一次响起了热烈的掌声。

跟踪报道

可惜，好景不长。

坚持了几天后，宇豪又恢复了老样子。

"老师，老师，不好了，宇豪和家汇在教室里打起来了！你快去看看吧！"

"老师，他数学课上不好好听讲，一直在看手表！"

"老师，他今天一大早在抄奇缘的政治作业！"

…………

听听，我这耳畔传来的可都是告他状的声音啊！

教育反思

这孩子，从初一入学军训开始，我就关注到了。虽说他身上确实存在很多缺点，但经仔细观察，我觉得他是个聪明的孩子，而且为人直爽、大度、乐观，挺讨人喜欢的，就是行为习惯较差，而且不求上进。了解到他擅长体育后，我鼓励他做了班体育委员。也想借此机会，督促他更加严格要求自己。可是，事实总是不遂人愿。我发现他依然还是老样子。思来想去，我有主意了，就出现了上面的一幕——开一场专属于他的班会课。我想，我一个人的力量是有限的，那何不发动全班来帮助和监督他呢？我就做着这样一个美梦，等待梦想成真——宇豪同学在大家的帮助下改头换面，成为一个优秀的孩子。可是，情况并没有好转，甚至还有些糟糕。

备受挫败的我，开始回顾，开始反思，开始总结。

（江苏省太仓实验中学　谢　英）

案例反思 AN LI FAN SI

教育要回归本色

一、摆正心态，不急躁冒进

作为孩子的班主任，我发现自己心态没有摆正。从一开始，就抱着让他从中等生一下子变成优秀生的心理。在这一心理动机的暗示下，在接下来的一系列行为中，我受到的暗示就是：你做了体育委员就会在各方面严格要求自己了；同学们和老师花了一节班会课的时间来帮助你，你就得懂事了，就得变优秀了……这样的不良心态，导致的结果是只要他犯些小错误，我就会失望、难过，甚至是感到愤怒。可是，孩子犯错是正常的呀！而且，谁又能一下子就彻底改变呢？

现在仔细想来，我认识到孩子的改变不是一朝一夕的事，切不可急躁冒进，我们要摆正心态。

二、润物无声，不刻意关注

回想这节特殊的班会课，我把他推到了公众的面前，关注就变得十分刻意了。可是，刻意好吗？我们都知道"随风潜入夜，润物细无声"。道理就不言而喻了。我让全班帮助、监督他，实在给他带来了很大的压力，而且同学们在无形中也成了老师的角色，只要他一犯点儿错，大家就会很失望、愤怒。因为刻意关注，他的缺点被放大了。

我们要关注每一个孩子，但不能刻意。

三、回归本色，不搞特殊化

班中学生很多，需要帮助的也不止他一个。可我现在独独对他"优待"。这样的一场专属于某个学生的班会课，明眼人都能看出来我对他的重视。但是，这有必要吗？这样的特殊化，让同学们不能以一颗平常心一分为二地来看待他，而且很容易让大家盯着他的缺点看。

我们在帮助学生时，应该一视同仁，即使对个别学生关注度高些，也要注意方式方法，千万不可特殊化，这样于人于己都不利。教育还是要回归本色，默默地关注每一个学生，给予大家温暖和爱。

（江苏省太仓实验中学　谢　英）

案例5：我以为你真的不再理我了

十几年前，刚担任班主任的我，因为年轻，学校考虑搭班老师时，特意为我配备了两名具有丰富教育经验的老教师，并嘱咐我多向老教师学习。确实，自己第一次担任班主任，第一次带班，什么都不懂，很多都不会。于是乎，班级里遇到问题时我便现问现学，学到了不少东西，解决了较多问题。对班级里的刺头学生（成绩较好，自尊心较强，性格强烈叛逆），搭班的老教师多次谆谆教导：班主任要严格再严格，不能为了照顾这样的学生而服软，一定不能给他好脸色看，绝对不能妥协让步。我连连点头称是。

当时，我十分看好班里的一名男生小凯，他人聪明机灵，办事能力也较强。我对他报以信任，关心着他的一举一动。他也很争气，考试成绩优异，同时分担了班里的不少工作。但是他有个坏毛病：上课时爱随便讲话说笑，尤其是在自习课上。为这事我先是提醒，他保证改正；后来再犯，我就大声训斥，而且是当着全班同学的面，他虽目露不甘却最终也低头认错。这样就维护了我班主任至高无上的尊严，我也心满意足。随着他不断长高，自尊心也在"涨大"，而我的批评也是越来越严厉，别人的小错，放在他身上，那绝对是大错。如果他认错晚了一步，我往往就会拿出请家长的"尚方宝剑"。而这却是他万万不愿意的，尤其是一听到请他母亲到校，他就会愤怒地看着我，我则会变本加厉，故意气他。每当他母亲到校，他就像个斗败的公鸡，低下了自己高傲的头颅，但两眼却瞪得像公牛的眼睛。

初三时，他又一次在自习课上说话，我忍无可忍了，向他下了最后通牒——由于他一而再，再而三地犯错，不知悔改，作为班主任的我没有耐心了，从此以后再也不会管教他了，通俗一点讲就是再也不理他了。我没有再看他一眼，挥手让他走人。课上和课后，我的眼神在班里是自动地跳过了他的位置，忽略了他的存在。我当时想，只要他在班里向我低头认错，我也就原谅他了，因为班主任的尊严是不能被挑战的。而他却始终没有向我认错，结果造成成绩下滑，中考成绩不理想，后来只考取了普通高中。当他毕业后，我一直为他暗暗遗憾。

又迎来了新一届学生，我也下定决心从头开始。但是却又遇到了小凯这样的学生。这次不是男生，而是一名女生小琴。她家庭条件优越，父亲是公司的老总，母亲虽学历较高却不工作了，专心在家教女。小琴从小就不听父母管教，父母看她年纪较小，人又聪明，也顺着她的性子。为她一些身上的小毛病，我多次在班里专门批评，私下交流，但是收效甚微。初二下学期的期中考试，她考砸了。我联系了她母亲，了解到她临考试前的周末两天，都是在家看电视，根本没有复习。我心灰意冷，和她讲明说："从此以后，我再也不理你了，你自生自灭吧！"她当时就愣住了，后灰溜溜地离开了办公室。到期末考试时，她的成绩还是原地踏步。

紧张的初三时光又来临了。那年的教师节，小凯来看望老师。我就表示遗憾之情，问他为什么当时不悔改。他却说："当你说再也不理我了时，你不知道我当时的心情。我以为你还是会一如既往地关心我，当你不闻不问之后，我就决定和你对着干了，因为你也不关心我了，我无所谓了。你知道我为什么不愿意让我母亲到学校吗？我父母在我小学时就分开了，后来母亲再婚。因为我的事情到学校，后爸都要说些风凉话。"

我听了之后，深深地沉思，为了自己所谓班主任的尊严，没有去和学生好好交流，甚至可能影响了一个学生的人生轨迹，我后怕不已。

第二天，我把小琴同学请到办公室。我看着她，她紧张不安地盯着我，当我说出"老师不是真的不理你，而是想要你吸取教训"时，小琴同学哇的一声哭了出来，边哭边说："我以为你，真的再也不理我了。"我当时暗暗庆幸，这次为时不晚，不会遗憾了。

后来，她也渐渐改掉了身上的不良习惯，毕业中考时，考取了重点高中。

（江苏省昆山市葛江中学　俞亚年）

案例反思

不再给自己留下遗憾

现在，我牢牢地记住了那句话"我以为你，真的再也不理我了"。不断地提醒自己去关爱班里每一名学生，需要时要主动放下班主任的面子，顾及学生的自尊，倾听一下他们的心声。这样，尊重了学生，也就不会给自己的班主任生涯带来遗憾了。

同时，我也越来越领悟到，作为班主任，有些话在想说出口之前是要很慎重的。因为班主任是成年人，不是孩子，不可以和学生赌气，不可以任性妄为，图嘴上一时解气而伤害学生的自尊心，是万万不行的。

比如，这些话是不可以随意说的：

叫你家长来，叫不来，你就别上课了。

你怎么这么没出息，连作业本也会忘记带，你怎么没忘记带你自己。

你脸皮真厚，换了我，早就找个地缝钻进去了。

你看看人家，哪有像你这样的？

我算是看穿你了，你这辈子就这么点花头。没出息。

你怎么迟到了？先给我在门口站着！

你是个什么人？我看你根本就不像个人！

这些看似解气的大声呵斥，逞一时口舌之快，却伤了学生的心。

老师要牢牢记住，自己的一言一行对学生都可能产生深刻而长远的影响。

（江苏省昆山市葛江中学 俞亚年）

[专家视角]
与学生沟通的前提是尊重

有位学生晚自习后不去寝室就寝而是去打篮球,班主任上前厉声阻止,与倔强的学生发生冲突,之后写下极为愤懑的文字:"你们这些孩子,除了能向家长和学校老师撒野以外,还能向谁撒野呢?社会风气为何差到这般地步,让学生对老师没有了敬畏之心?我们的教育还能这样继续下去吗?"师道尊严何在?——这是他文字里的潜台词。

何谓师道尊严?本指老师受到尊敬,他所传授的道理、知识、技能才能得到尊重。后多指为师之道尊贵、庄严。"道尊然后民知敬学。"教师先善其德,能够全身心投入教育事业,做到为人师表、关爱学生、诲人不倦、公平公正,才能获得"师尊"。

中国传统的"师道尊严"大体有三层含义:一是老师"道尊",亦即老师集信仰和知识于一体,尊重老师也是尊重信仰和知识;二是老师"自尊",即老师要通过自己的人格魅力和知识素养赢得学生敬重;三是老师"他尊",即有种种礼仪规范确保其他社会成员尊敬老师。

今日中国"师道尊严"确实有些沉沦,主要原因如下。

首先,传统社会向现代社会的蜕变,使"道尊"传统黯然不彰。

在传统社会里,教学意味着学做人和学知识合二为一,学生常年跟随老师,老师对学生言传身教,师生关系亲密无间乃至情同父子,学生对"恩师"的感激自然发自内心。现代社会里,教育重点在于传授知识和技艺,大学基本采用分专业、分班级、分批次的集中授课方式,学生或会认识老师,但老师未必认识学生。于是,师生间缺乏共同信仰,更缺乏情感沟通,很难传承"师道尊严"传统。

其次,中国教育体制官僚化现状和公共教育产业化倾向,以及部分教师品行不端、学术腐败、不安心"传道、授业、解惑"本职工作等不良现象，是侵蚀"师道尊严"的公害和毒瘤。"人必自侮而后人侮之。"教师没有"自尊"，又何来"师道尊严"？

最后，古代中国是礼仪之邦，今天，似是而非的师生平等观以及独生子女渐多等现象，弱化了尊师重道的传统，颠覆了尊师的风尚和礼仪，老师的"他尊"同样到了岌岌可危的境地。

在分析了以上三点后，我们同时也发现了一个问题：很多老师混淆了一个概念，以为自己就是师道的化身，学生必须对自己毕恭毕敬，以为自己可以居高临下，自己说东学生就不得向西；如若违反，那就师之不师，国将不国了。有些老师把整个时代与社会造成的问题怪罪于一个学生，又由一个学生否定了所有学生和所有教育。

我们来看很多老师是如何与学生对立起来的。

叛逆期的学生有个特征，那就是硬撑到底，你有麦芒，我就用针尖，尤其是在一些他们认为没什么了不起的事情上，比如不就是晚自习后打打球嘛，又没有什么错。老师若是斤斤计较，学生是会把小事闹大的。比如出言不逊，比如强硬到底。学生挑战了教师的权威，教师就会说出更狠的话语，想让学生臣服，矛盾因此进一步激化。

深究学生不尊重老师的原因有两个。一是对学习不感兴趣。于是就对教授他们知识、督促他们学习的老师表现得极不尊重。学习目的不明确，以为自己是在为老师或家长学习。二是逆反心理。有的老师在平时的教育教学过程中过于严厉，让学生产生逆反心理，觉得老师太严苛，太一本正经，束缚他们，不理解他们，老古板，继而不尊重老师，甚至憎恨老师。

在这种情况下，教师的心胸一定要开阔，要做到以下几点。

首先，孩子就是孩子，不要轻易把孩子的顽劣上升到道德层面。在教育孩子时，切忌出现下面的流程：开始还算平静——后来强压怒火——最后火山爆发。

其次，看问题不要以偏概全，更不要心态偏激。不要用一个学生的顶撞老师行为去否定所有学生，觉得现在的学生都不尊敬老师；不要用一次教育的失败去否定所有的教育，觉得现在的教育是完全错误的。

在第二辑"冲突后的沟通"系列案例中,既有当面发生的激烈冲突,也有平静下暗流涌动的冷冲突。我们欣慰地看到《开学第一天的争执》案例中的张锰老师能够冷静地思考"师生发生争执,老师要先降温";陈宇老师对班主任的提醒:"老师,请放下身段,真正尊重学生!"陈宇老师在批评教育学生中鼓励巧用"可是效应";谢英老师在开了一场专属于某个问题学生的班会课后反思到教育要回归本色。

的确如此。事实上,我们要求学生尊重老师,反观我们自身呢?有的班主任急于求成,往往口不择言,伤害了学生的自尊;因做错题而罚抄卷子,迟到就罚大扫除等变相体罚学生的现象时有发生;有的班主任不公平地看待学生,把学生清晰地分为三六九等,不能做到一视同仁:对优等生"笑脸相迎",对后进生"横眉冷对",给学生造成极大的心理伤害。

不尊重学生导致师德失范现象的因素很多,主要有以下几个方面。

一是教师教育理念陈旧,其理念还停留在应试教育的框框里,只注重学生的智育发展,忽视了学生的人格塑造,没有注意心灵的沟通。二是教师缺乏良好的心理品质,造成轻者对学生恶语中伤,重者对学生体罚。三是在利益的驱使下急功近利,缺少爱心,不会关爱学生。四是教育评估机制目前仍以应试成绩为核心,使教师面对各方面的压力,抑制了师德建设的进程。

任何一种师德表现都能折射出深层的东西,它是包含着人才观、学生观、质量观、管理观、学习观、评价观等一系列相关理念在内的综合观念。一句话:"有什么样的教育理念,就有什么样的师德表现。"

(南京师范大学班主任研究中心　齐学红)

第三辑
四两拨千斤的沟通艺术

　　班主任做教育，话不在多，而在说到点子上；肢体语言不必过于丰富，关键在于每一次都能打动人心。看似最需要批评甚至发火的时候，偏不按常理出牌。出其不意攻其无备，你设防我不理，直接绕过你的马其诺防线，以幽默的方式婉转表达批评之意，看似信手拈来，全不费工夫，实则暗藏班主任的大爱和大智慧。这样的和谐，建立在师生双方充满信任的良好关系之上。

案例1：一盒咳嗽药

送走初三毕业生后，我又接了一届初三，继续任毕业班的班主任。

这个初三（3）班是年级中最让老师们头疼的班级，尤其是第四组第一排的"叶子"，破坏力极强。瞧！这边你课上得好好的，他能哗啦哗啦地从抽屉里拽出一大摞报纸，煞有其事地看起来，还把一条腿高高地跷在旁边的座位上。制止他收了他的报纸以后，他又能摸出 MP3，旁若无人地把耳机塞进耳朵里，美其名曰："我又没有影响你上课。"另外，诸如上课"吧唧吧唧"嚼口香糖，把纸头折成飞机往三楼的窗外扔，回头骚扰身后的同学，不一而足。

对这些"恶行"，我"骂"过，他笑眯眯地看着你，全班大笑，他比谁都开心。我罚过，请家长。但是今天妈妈来，第二天他又故伎重演，我简直是哭笑不得。脸皮厚的他面对班上老师与同学的斥责置若罔闻，埋头睡觉。这些常规措施收效甚微。我也想放弃，但是看到他那闪出狡黠光芒的小眼睛，我既不忍心，也不甘心就这么认输。

12月的那一天，天很冷。我裹着羽绒服去上课。教室里门窗紧闭，课上得格外安静，尤其是第四组第一排，除了偶尔的几声咳嗽，再没有别的动静。我没有在意。第二天，那个角落的叶子蜷缩在座位上，咳嗽声大了很多，还有痰音。下课我摸了摸他的脑袋，不烫，这才发现这孩子只穿着一件衬衫加冬季校服。

我问他："穿毛线裤了吗？"他无力地摇摇头。我用责怪的口吻说："臭美，生病了吧！"他说："不是臭美，是衣服没有找出来。棉毛裤都找不到了。"我问："看病了吗？"他笑了："男生没有那么娇气的。"

无独有偶，回家后孩子不舒服，我在药箱找药的时候看见了一盒止咳药，就顺手放进了包里，准备第二天带给叶子。第二天语文课后，我把药递给他，让他记着吃。他接过药，看了看我，没有说"谢谢"，把药放进了书包。

晚上，他母亲特意打电话来道谢，说叶子一回家就把药拿给她看，很骄傲地说："这是我们老班给我的！"

叶子的咳嗽很快好了。平日里，他调皮捣蛋的古怪行为减少了很多。有一次课后，他叫住我，偷偷对我说："你比我妈对我还好。"我哑然，其实仅几次牵手谈心，仅一盒十几块钱的药，给这些孩子一点点关爱，他们就会牢牢地记在心上。孩子知道感恩，也是教育中的一个闪光点吧！

（江苏省南京市第三高级中学文昌初中　张　莉）

案例点评
AN LI DIAN PING

一剂心灵的良药

喜欢张老师的真实。都说平平淡淡才是真，可是究竟有几人能做到？面临中考的压力，很多教师都不再淡定，情感、人文、素质，都为考试和录取率让路了。唯有在这样的关键时刻，才能显出一个真正关爱学生的教师本性。

一盒咳嗽药，其实是一剂心灵的良药。看似随意的一个举动，却给学生传递了温暖与感动。我常说，对学生的爱不是挂在嘴边的，是用很实在的行动诠释的。张老师是个有情有义有心的班主任，整篇文章叙述平淡，毫无矫情，字里行间透着一个班主任对学生无时无刻不在的关爱，特别是面对这样一个"难教的学生"，关爱远比呵斥重要得多。

一盒咳嗽药，不能治好他所有的毛病，但会在叶子成长的旅途上留下一个印记。"你比我妈对我还好"是对张老师的最高评价，而学生能说出这句话也绝不仅仅是因为这一盒药。我们从这件小事上，可以窥见，张老师平时和学生相处的那些点点滴滴，那些平凡中的感动。

有些孩子，能让他出类拔萃才是成功；有些孩子，能让他自食其力就是成功；有些孩子，能让他成为守法公民也是成功。

叶子大了，学校和老师对他施加的影响是有限的，但无论如何，我们要给叶子们留下一段温暖的回忆。既然他了解了人间确有真情在，这真情就会在他心中埋下一颗希望的种子。这就是我们做教师的伟大和光荣之处。

（江苏省南京市第三高级中学　陈　宇）

案例2：早！

开学第一天，寒流袭来，突然降温，极冷。迟到的学生一定很多。一个寒假下来，人都懒散了，很难适应，更何况，是在这样一个交通拥堵的早晨。尽管昨夜工作到很迟，我仍然硬撑着爬起来，赶早到学校看看。

来到教室，看到学生陆陆续续都来得差不多了，有点欣慰。而对于迟到同学的处理，我一直很纠结。现在的交通状况就是这样，高中生家住得普遍比较远，坐公交车很难把握好时间。我班在这方面做得算是好的了，但要说百分百不迟到，不可能。按我班的制度，迟到的同学每次将被扣去2分常规考核分。但鉴于上述原因，我们的制度网开一面，规定每个学生每个月有两次"无理由迟到"的指标。也就是说，迟到了就是迟到了，无须向班主任说明理由。班主任只是提醒，并不处罚。两次指标用完，从第三次开始扣分。之所以这么做，主要是不想因为学生怕被扣分而编理由撒谎，如果为了赶着不迟到在路上乱跑，出了安全事故，就更得不偿失了。凡事都有例外，"网开一面"，一直是我带班制定规则的一大特点，是一种严格但又不失人性的温情管理策略。

我认为班主任把学生扣在教室外面谈"为什么要迟到"的举动并无太大意义。谁不知道迟到是违纪行为呢？如果发现某位同学属于"习惯性迟到"，那么仅依靠谈话是没多少效果的。比较有用的做法是：一要切实帮助他解决问题，想出防止迟到的预案，让他本人和家长都重视这个问题，一起来管好；二要就事论事地扣分处罚，或者用其他方式弥补过失。只要迟到不是故意和恶意的，我基本上不和学生过多纠缠，直接放进教室。有什么问题，课后找时间再聊。

快到早读时间了，我看到还有一个座位空着。那是体育委员小杭的。上个学期他迟到过几次，在班里算是比较突出的，因为其他同学很少有迟到现象。等了一会儿还不见他来，我就不等了。作息管理，自有副班长记录，我事后再问。

出去办了点儿事，没想到回来恰好在校门口碰上了急急忙忙赶过来的小杭。我看看手表，7:46，迟到16分钟，呵呵，有点多。此时的校园，已经很安静，该来的全都来了，几乎没有学生在走动。

迟到这么长时间，我该怎么批评他？

我既没发火，也没提高嗓门，只是微笑着对他说了一个字："早！"

小杭一愣，顿时汗颜，说了一句："老班，对不起！"

师生对话到此结束。小杭一路奔跑去教室。

第二节课间，在教室里再次遇到小杭，我着实喜爱这个体育委员。这次我连一个字都不说了，就微笑地看着他，小杭被我看得心虚，来了一句："老师，你放心，我再也不会迟到了。"我说："你还别说大话，这是不可能的，你还有一次指标，我看你几天把它用掉，哈哈。"

下午第三次遇到小杭，我又在微笑。小杭完全"崩溃"，诚心认错。我说："不为难你，知道就好！'无理由迟到'的指标省着点用，指标用完，格杀勿论。"

（江苏省南京市第三高级中学　陈　宇）

案例反思

幽你一默

班主任做教育，话不在多，而在说到点子上；肢体语言不必过于丰富，关键在于每一次都能打动人心。看似最需要批评甚至发火的时候，偏不按常理出牌。这个以微笑的方式说的"早"字，既让对方体会到这是反语，意识到自己来迟的惭愧，又不至于使场面尴尬甚至有师生对立的火药味。

我知道，以我的权威，让他停下来批评一顿，他是不会反抗的。而且他知道已经要迟到了，想到要被我批评，于是一路上都在设计台词，就想着怎么对付我。我若"骂"他，正好碰上他已经筑起的心理防线，深入不了他的内心。他一定在等着我把火发完赶紧走人。但我为什么要按照他的设计行事？我偏不。我要从他心理防线最弱的地方给他温柔的一击。

我相信，这个"早"字，加一个微笑，比让他站在那里被我骂上20分钟有用得多！

出其不意攻其无备，你设防我不理，直接绕过你的马其诺防线，以幽默的方式婉转表达批评之意，看似信手拈来，全不费工夫，实则暗藏班主任的大爱和大智慧。这样的和谐，建立在师生双方充满信任的良好关系之上。

（江苏省南京市第三高级中学　陈　宇）

案例3：换一张凳子，换一种习惯

班上有这样一个令人头疼的孩子。

军训期间，他六天中有五天都犯错，不是不服从教官的管理，就是私自离队，有时还搞些危险的活动危及其他同学的安全。

回到学校后，便成为了"大错不犯，小错不断"的典型：不是去其他班、其他年级"串门"，就是上课"慷慨激昂"地插嘴，他的家长平均每周都要来办公室"报到"一次。由于这个孩子是在其他学校休学一年后来到我们班的，所以有些知识他已经学过。于是乎，上课的时候，他便经常四仰八叉地靠在椅子背上，甚至把脑袋枕在后面同学的书上，呈现出一种"青蛙晒太阳"的姿态。第一次月考的时候，他成为了全班的"潜力之星"之一，因为在他前面有三十几个同学可供超越（全班也就40人）。于是乎，种种"事迹"使他得到了同学和老师的一致评价，获得一个"荣誉"称号——"万人嫌"。

在期中考试的复习阶段，一次在我的课上，他又摆出了那个"经典"的造型。当时在课堂上看得很刺眼，于是我立即要求他带着椅子去办公室——把办公室用于给教师听课的圆凳拿到班上来（"椅子"和"凳子"的区别也就不在这赘述了），美其名曰让其享受"教师级待遇"，并且把他的座位调到了最后。当时没有多想，就是不想让他在课堂出现那种造型。可结果却出人意料。

随后的一个多星期里，原来的他在我的眼中"消失"了。主要原因是他没有再因为犯错误而进办公室，家长也没有来办公室"点卯"了。期中考试，他一下升至班级的第11名，数学学科成绩还进入年级的前20名，成了名副其实的"潜力之星"！

有靠背的椅子变成了没有椅背的凳子，可带来的积极效果却是巨大的——随着椅背消失的是他课堂的懈怠情绪，是他对其他同学学习生活的影响。于是同学间的紧张关系也得到了缓和，他的成绩也因为上课的专心致志而大幅提高。

这次的无心插柳较为成功地转化了一个班级的问题学生。"教育不光需要爱"，有时更需要冷静的思考、巧妙的方法。毕竟教育是一门艺术，好的教育应该是"随风潜入夜，润物细无声"的。古代孟母尚且为子"三迁"，可见环境对人影响的重要性。当我们无法改变教育主体的时候，不妨拓展一下思维，去改变教育环境，用外因来带动内因的自发改变。

（江苏省南京市第三高级中学文昌初中　王　千）

案例点评

走动管理，拒绝懒惰

这是一篇很精彩的教育小品文。点选得很小，读起来饶有趣味又发人深思——为什么一个无意的改变，"椅子"变成"凳子"，却带来学生行为习惯和心态行动的很大改变？

智慧的班主任总是善于从一些随机的、偶然发生的事件中思索出其中的教育意蕴。在教育中，其实有大量看似随机产生的、有点神奇的案例，如果不能及时捕捉、记录、思考，无疑就是失去了一次次提升的机会，我们也就不能从这些零散的、看似无规律的事件中找到事件发生的必然性，让偶然的巧合变成常态的成功。

所幸，作者将这件小事记录了下来，留给我们这样鲜活的案例可以解读、剖析。

略显遗憾的是，作者虽然有记录，有思考，但依然不够充分、深刻。在我看来，这个学生转变的原因并不是如作者所说"环境对人的重要影响"，而是另有他意。以下我试着将这个案例中蕴含的管理学知识做一点解读——为什么一个偶然的小举动带来的是必然的大改变。

著名餐饮连锁企业麦当劳快餐店创始人雷·克洛克曾经遭遇过一段时间的经营危机，面临着严重的亏损。克洛克通过观察发现了一个问题——公司各职能部门的经理有严重的官僚主义，他们习惯于靠在舒服的椅背上指手画脚、发号施令，而且把许多宝贵的时间耗费在抽烟和闲聊上。克洛克于是发布命令：把所有经理的椅子靠背全部锯掉，立即执行。此举招来很多属下的非议和背后的责骂。去掉椅子靠背的后果是什么呢？当然是不舒服，不宜久坐。于是经理们纷纷走出办公室，到基层甚至餐厅去转转。这一"下基层"，果然发现了管理中的很多问题，这些问题是在办公室里舒服地坐着听汇报永远都不能发现的。经理们及时了解了情况，现场办公，工作效率大大提高，公司销售额很快大幅上涨，企业最终扭亏为盈。这就是克洛克著名的"走动管理"。

这个管理学上的成功案例和作者的案例有着惊人的相似之处。小小的一把椅子变成凳子，既然能使一个大型企业起死回生，我们就不难理解它在改变学生的坏习惯方面发挥的神效了。

如果说这样的行动到底改变了什么，我们只能说，它改变了一种慵懒的生活方式。为什么班主任需要经常走进教室、走进班级？"走动管理"不止适用于企业管理者，班主任也是管理者，也需要"走动管理"——不要总是坐在办公室舒适的椅子上，要经常走到学生中去，了解学生的困难和诉求，发现问题，解决问题。克洛克锯掉的不仅是椅背，更是滋生懒惰的温床。

正如作者所言："有靠背的椅子变成了没有靠背的凳子，可带来的积极效果却是巨大的——随着椅背消失的是他课堂的懈怠情绪，是他对其他同学学习生活的影响。"老话说得好："有山靠山，无山自担。"人都有贪图享受、好逸恶劳、趋利避害的劣根性，教育之巧妙在于，我并不向你灌输什么道理，而是把你可以偷懒的条件去掉，你自然会想办法解决问题。就像我在班级里取消垃圾桶一样，没有了垃圾桶，没地方扔垃圾，只好自己想办法解决,教室反而变得清爽。我们发现,教育不是强压或者灌输。一些精巧的方法,即使一言不发,也可以起到四两拨千斤的效果。

把椅子换成凳子,尽管是作者灵光一现的做法,无形中却契合了管理学的精妙原理。若是我们都能从一些偶然的案例中找到其中的规律,我们的教育和管理就不会只是跟着感觉走了。跟着感觉走,有时候走对了,却不知道为什么走对了,很难保证一直走对;走错了,却不知道错在何处,下次还是会犯错。我们需要的,是知道我们为什么对了,为什么错了,以及我们应该怎么做……

(江苏省南京市第三高级中学　陈　宇)

案例4:无法触摸的伤痛

两个初三班级都是我半路接班教语文的,还做了其中一个班的班主任。

闵是我不做班主任的那个班级的学生。瘦瘦高高的,头发有点长,厚厚地盖着头顶直到眼眉毛,衬得下巴越发尖了。他时常被各科老师喊到办公室里,不是重默课文就是因为作业没做被训话。他总是沉默着不说话,或者一副无所谓的样子,若是哪位老师让他对着墙壁站着,他也就那样站着。他的班主任是个厉害的女教师,动辄喊家长,学生畏其如虎。不过我却从来没有见过她喊闵的家长来,不由得有些好奇。

有一次和她闲谈说起闵,她哎哟了一声,说:"他可是个刺头,初一的时候和我顶起来,我说要喊家长,他那个眼神哦要杀人!吓得我后来就不和他较劲了。他的脾气,不得了……"她说话的时候抚着胸口,似乎还心有余悸的样子。

四个多月过去了,闵的语文成绩很差,几乎每次默写都是错别字连篇,作文也难得收到。比他更差的学生还有一些，每次他来重默过关、作文补上后，也就不和他多计较了。四个多月，除了上课提问他之外，我们几乎很少有交流。而上课提问他时，他大多数情况下都是摇摇晃晃、慢慢吞吞站起来，双手撑着桌子低着头，长长的头发完全遮盖了面容，不吭声。你无法弄清楚他是不愿意回答还是完全不知道你问的是什么或者他不会回答。这个时候，也只能让他坐下去了，关照一声"认真听课"。毕竟课要继续，五十几个人的课堂上，很难照顾到每一个学生。在我心里，一直渴望找个时间与他好好沟通一下。想不到他自己送上门来了。

临近期末的时候，我和学生谈起开学时就约定的一件事情：出一本两个班级的优秀作文集，每人自己挑选一篇写得最满意的作文放入其中，作为初中时代的一个纪念。我和学生开玩笑说每人一篇哦，哪个人没交的话，里面没你的作文，就感觉你没有在这个学校这个班级待过一样了。为了确保学生的每篇作文都是原创，每次作文时都是让学生两节课当堂完成的。偶尔有时新课任务有点紧，就只给一节课，写个大半了，带回家再完成。闵就是钻了这个空子，在那一节课上冥思苦想的样子，憋不出一个字，然后就赖了作文。初三几乎每天都排满了主课，很难找到时间让他来补写。何况，补写出来的作文也是敷衍而已。

学生们很踊跃。很快，在约定的一个周日，大家都挑选好了自己的作文发到了我的邮箱。周一我在编写目录的时候，发现少了三个人的，找来一问，两个人说打字慢，已经打了一大半，周一晚上一定能发给我。而另一个，正是闵。看他的眼神，便知道他完全没把这个当回事。于是，问他什么时候可以把电子稿发给我，因为印刷厂到年尾的时候生意特别好，我必须尽早把稿子发过去，才能争取在过年前印出来。他略一思索，爽快地说："就今天晚上好了。"

周一晚上十点多钟，我的邮箱里有了他的作文稿。仔细一读，写的是他的小学老师，全然不是他平日的文笔，再一看，文中那个老师是西工区的师德标兵，我的心里全明白了。西工区在洛阳，我在那里做过讲座。闵是昆山本地人，我也曾经问过他的班主任他小学在哪里读的，说是昆山。

他为了敷衍我，直接从网上复制、粘贴了，前半部分还稍微做了点修改，后面甚至都懒得细看，就直接发给我了。

语文课结束后是眼保健操时间，我喊他到我办公室。六个人的集体大办公室里很安静，只有两位老师在备课、批改作业。对于脾气厉害、容易冲动的学生，我一般会选择有其他老师在场的情况下和他谈话。

"和我说说你的作文吧。"我说。

"什么？我发了啊。"他轻松地把手插在口袋里，还耸了耸肩膀。

"是的，你发了。可是你不想说点什么吗？"

"什么？没什么要说的啊。"他做出疑惑的样子，两手一摊，又插进口袋里。

"真的没什么要说的吗？"

"没有。说什么？"他继续做出疑惑的样子。

"西工区是哪里的？"我问他。

"什么？不知道。"这次他是真的有点疑惑了。

"你的作文是原创的吗？"我直截了当地问他。

"是的。"他面不改色。

"真是原创？"

"当然。"继续面不改色。

我盯着他看，想在他脸上找到一丝的羞赧。

他也看着我，全然没有一点撒谎后的心虚。

"我的电脑上显示你的这篇文章和网络上别人的文章相似率95%以上。"我不得不戳穿他了。

"这是你电脑的事，和我无关。"他有点恼羞成怒，不，没有羞，只有怒。

"可我这个作文集必须是同学们的原创作文。"我保持镇定，淡淡地说。

"那就不要放我的作文好了。"他轻描淡写地说。

"是吗？你确定？"

"确定。怎么了？"他甚至有点挑衅的口气了，手在口袋里不停地插进去拿出来。

这样的学生真是难得见到，好言好语置若罔闻，那就加重点语气吧。

"你这种腔调到你家里摆去，别在我面前摆。撒了谎还这种样子！"我的音量不大，但是加了力量。

他突然转过脸来，完全正视着我，厚厚的嘴唇突然开始抖动起来。

"你再说一遍我家里……"

"你再说一遍我家里……"

"你再说一遍我家里……"

他重复了三次，每次间隔时间大约20多秒，他的眼睛里开始"喷火"，嘴唇越发抖得厉害，两只手虽然插在口袋里，不过我还是可以明显地感觉出来他攥紧了拳头。

这一刻，他完全是处于神经质的状态。我离开他的距离也就半个手臂，我甚至感觉他如果再重复一次的话，他的拳头就会揍到我的脸上。这一刻，我忽然想起了他班主任的话，班主任心有余悸的样子一下子闪现在我的面前，我现在完全明白了。这个学生，根本不能提到他的家。似乎，家是他心头的痛？

我走开了，来到窗边，和他保持了三米多的距离。他需要平复他的心情，我需要想一想如何继续与他的谈话。

五分钟后，我站在窗边问他："作文本在教室里吗？"

"不在。"他的声音比较平静了。

"你一共缺了几篇作文？"

"两篇。"看来神智恢复清醒了。

我走过去，站在他面前。

"我最后再和你确定一下。"我顿一顿说，"那个作文集里到底要不要放你的作文？"

"不要。不，要放。"他开始挣扎。

"但是我必须要原创的。"我坚持原则不松口。

"我再写一篇。"他软了语气。

"你打字快吗？"

他一愣，立即说道："快的。我小学里打字是第二名。"

"参加过市级以上比赛吗？"

"没有。"

"为什么？"

"我原来在××小学的，后来转学到×××小学了，就没有参加比赛。"

"那这样，为了节约时间，你就不必在作文本上写了，直接打在电脑上。打字速度跟得上思维吗？"

"跟得上，我今天晚上就发给你。"到底是个孩子，喜欢逞能。

"好吧，我今天晚上等着收。"

"嗯。"

我观察着他的状态，这一刻，他全身剑拔弩张的样子已经完全消失，手不知什么时候已经安分地垂在两侧。

"这样真诚地说话不挺好的吗？何必要弄得大家尴尬不舒服，又不能解决问题？"我说。

"我知道你心里有伤痛，可是谁又没有伤痛呢？我自己做班主任的班级里，好多同学的家庭里都有伤痛，可是他们都很阳光向上，我自己一路走来心里也有很多伤痛，可是并不影响我去成为一个优秀的人。只要内心一直有真诚，就可以。"我继续说。

他开始流泪了。

我走开，让他哭一会儿，随后从同事桌上拿了几张餐巾纸走过去递给他。

"好了，把眼泪擦干，做个深呼吸，然后去上课吧。今天晚上我等着收你的邮件。"我微笑着说。

"嗯，好的。老师，我去卫生间洗一下脸。"他有点难为情地说。

这一刻，少年的羞涩终于回到了他瘦削的脸上。

"好的呀，去吧。"

教室里已经开始上课了，他从洗手间出来有点迟疑，不知该从后门还是前门进去。我向他招招手,送他到前门,和任课老师打了个手势,任课老师会意地点点头,他赶紧回到位置上坐下了。

(江苏省昆山市葛江中学 于 洁)

案例反思

让伤痛成为人生的转折点

这些文字是我在工作室里写完的,等我下楼回到集体大办公室时,刚才不在场的老师都微笑着对我说:"听说刚才一场大战你赢了?"

"我刚才坐着听你们讲话,真是担心哦,我看到他后背在那里都抖动起来了。我在想,如果是我,我该怎么处理啊?他那个样子,我肯定也要爆发的,那就真的要完蛋了。他那个样子,会打老师的。"在场的一个老师说。

"我是从来不敢去和他烦的,他那个样子,怕人的。"一个也教他的老师说。

"今天我们弄清楚了一件事情,就是他的家肯定是他的一个伤痛,不能提的。听说他的父母虽然离婚了,但依然住在一起,这个家肯定是有什么让他觉得很自卑、很痛苦的地方,所以别人不能提到他的家。今后我们要在这点上注意一下。还有就是以后如果他有刚才那样神经质的一瞬出现时,我们就不要和他硬着来,我们走开一些,让他平静一下,过了那个点就好了。"我说。

"对,对,以后我们都会注意的。"老师们感慨地说。

想起张信哲的《白月光》:"每个人心里都有一段悲伤,想隐藏却欲盖弥彰。"在快节奏的现代社会中,很多家庭矛盾重重,带给孩子的伤痛无数。他们尚未成熟的内心世界，负面情绪累积到如同活跃的火山，时时处于迸发状态。作为老师，我们既不能一直去探究他刻意隐藏的伤痛，又不能无视它的存在。当时机出现时，教师既要保护好自己，以免被学生伤到，又要抓住时机，让治愈伤痛的良药及时喷洒到那个无法触摸的伤口上去。

闵，但愿今天是你的一个转折点，人生会有很多让我们无奈的伤痛，可是，并不妨碍我们阳光、乐观地生活。对吗？

（江苏省昆山市葛江中学　于　洁）

案例5：让小皮猴做三个实验

我班有个男同学叫小强，今年15岁，学习成绩中等，个子不高，人瘦瘦黑黑的，在校期间总是运动服、运动鞋全副武装，乍一看，还以为是校运队的呢。

他特别活泼好动，就像一只从花果山跑下来的猴子一样，整天不安分。上课的时候还能勉强凑合，一到下课，那就是他的天下，跟他打，与你追。每次课间十分钟，他就像上完了一节运动量超大的体育课一样，满头大汗。

为此他没少挨我的批评。道理讲了，检讨也写了，家长也请了，但效果都不理想，他似乎已生成了"批评免疫抵抗力"，好不了几天，又故病重犯。家长也头痛不已，特意带他到大医院检查，医生说没有"多动症"。

我一筹莫展，倒不是厌恶他的顽皮，而是他经常性追逐打闹，迟早有一天会惹出安全事故来。这真是让我又烦恼又担心。

在网上，我查阅了很多资料，看到有"体验法"一说，不由得灵机一动，也许，这种办法管用？

一个星期五的课间，我经过楼道时，发现小强先是把一个小伙伴摁倒在地，然后转身一跃坐到楼道扶手上顺势往下滑，被我抓了个正着。

他低着头，一副可怜的老样子，跟着我来到办公室，等待我的处理。我一改往常的做法，没发火，温和地对他说："小强，我们做三个'实验'好不好？"他一脸疑惑地点了点头。

第一个"实验"：我让他用毛巾把眼睛紧紧蒙住，然后从办公室走出去再走回来。他跌跌撞撞地摸索着走，差点摔跤。

第二个"实验"：我让他把右手插进裤袋里，然后拿一件衣服给他，让他用左手把衣服穿好。他费了很大的劲，也没完成任务，只好无奈地看着我。

第三个"实验"：我让他抬起一条腿，绕小花园跳一圈。结果还没跳到一半，他就满头大汗、气喘吁吁。

"实验"结束后，我拿纸巾让他擦擦汗，休息一会儿，严肃地对他说："你是少年人，活泼好动，精力充沛，这是好事，我能够理解；但是，你经常追逐打闹，活泼好动得过分，滑楼道扶手不小心摔倒，弄瞎眼睛、摔断手、摔断腿都是很有可能的，甚至还有可能失去生命。你知道同龄人中有很多这样的安全事故已经发生了，他们只能在后悔中独自品尝那种残疾后的痛苦。刚才你在三个实验中已有所体会，你能忍受这种痛苦伴随你一生吗？如果不小心伤害到了别人，那更是你一辈子物质上和精神上的沉重负担。想到这些，你还会去追逐打闹吗？"

他若有所思，然后坚定地摇摇头，似乎明白了老师的良苦用心。

后来的日子里尽管他还会偶尔控制不住地再犯，但跟以前相比已经好多了。

（江苏省昆山市城北中学　李中霞）

案例反思

批评学生的方法技巧

班主任在工作中,难免要对学生进行"批评"。如何使批评学生的忠言由"逆耳"变为"顺耳",让学生乐于接受并将缺点、错误加以改正呢?这就需要特别注意批评的方法技巧。在日常教育生活中,除了上述案例中的"体验法"之外,我还尝试了下列批评的方法技巧,取得了良好的教育效果。

1. 自责法

学生有了缺点和错误,教师在批评时可以用自责的语气,动之以情,晓之以理,首先主动承担责任,并做自我批评。这就容易打动对方,并赢得学生对自己的信任和尊敬,从而心甘情愿地接受批评。比如说,"这事都怨我,是我对你关心不够,过去没有发现你的毛病","这事也怪我不好,要是早一点找你谈心,你也就不会跟他打起来了"……

2. 迂回暗示法

即对学生的缺点和错误不是直接指出,而是凭借着对与其相关联的事物的提醒、暗示,使其醒悟。例如,在食堂有个学生浪费饭菜,教师看见了就问这个学生:"你知道《悯农》这首诗吗?"答:"知道。'锄禾日当午,汗滴禾下土。谁知盘中餐,粒粒皆辛苦。'"教师又问:"你知道老师为什么让你背诵这首诗吗?"学生马上领悟了老师的意思,认识到了自己浪费饭菜的错误。再如,前一段时间,我发现班上戴戒指的学生多起来了。于是,我找来了一篇有关戴戒指的含义的文章,利用班会课的时间在班上念了起来:"戒指戴在中指上表示已经订婚,戴在无名指上表示已经结婚……"我还没有读完,一些学生已经红着脸悄悄地取下了戒指。

3. 幽默调侃法

德国著名演说家海因·雷曼麦说过:"用幽默的方式说出严肃的真理,比直截了当地提出更能为人接受。"例如,一次,有个学生趴在课桌上打瞌睡,于是,我停止讲课,用诙谐的语言说:"听说有一只小企鹅,在跟师傅垒巢时,总是爱把头和长长的脖子贴到地面上一会儿,师傅说:'你这是什么意思?'小企鹅回答说:'我这是对师傅的礼貌。'由此我深受启发,有的同学上课时喜欢把头贴在桌子上,可能这也是对老师的礼貌吧!"话音刚落,学生们哄堂大笑,那个睡觉的学生也在笑中被惊醒,羞愧不已。

4. 激将法

指用刺激性的话或反话鼓励人去做某事的一种手段。比如,平常做习题时,因为有些题目有一定的难度,一部分学生就偷懒不做。于是,我把那些题目都收集在一起,上面写一行很醒目的字——"敬告:这些题十分难,非有聪明才智的同学,请勿尝试!"结果,学生很快就把这些题完成了。

5. 换位法

教师批评学生时,应有意识地引导学生站在教师的立场上来考虑问题,加深对自己所犯错误的认识。例如:"假如你是老师,那么你应该怎样处理?"一句反问,教师反客为主,借此可以培养学生自我教育的能力。

6. "将错就错"法

例如,某学生常写错别字,老师没有批评,而是将其错别字整理成一页，请该生在星期天帮老师改正过来；继而又在班会上公开表扬这个学生的认真精神，讲明写错别字的害处。从那以后，这个同学作业中的错别字越来越少了。再如，小明平时写作业龙飞凤舞，难以辨认，任课教师多次批评帮助也不见效。一次，课代表把他的作业张贴出去，小明十分生气，立即把作业撕了下来。课代表把情况向班主任作了汇报。班主任老师走进教室，小明有些紧张，好像已经做好了挨批评的准备。可是老师却和蔼地说："你们知道小明为什么把自己的作业撕掉吗？他是在为自己的作业写得潦草而生气，撕下来正是为了把作业抄写工整。小明是能够写好作业的，我们应当相信他。"小明听后惭愧地低下了头。第二天，小明把一份抄得工工整整的作业重新贴了在"批评栏"内，并在作业下面写道："请看我以后的实际行动吧。""将错就错"批评法的实质，是教师顺势对学生提出期望和肯定，并不是不着边际的"戴高帽"，而是顺应学生身心发展的需要，创造了一种激励成功的氛围。

7. "无言"法

教师借助眼神、手势、表情、抚摸等来与学生进行交流。例如，上课铃响后，教室里还是乱哄哄的。此刻，你不要发脾气，只要用犀利的眼神环顾一下教室，并停在较吵闹的学生身上不动，一般情况下，片刻后就会安静。再比如，我们班有个性格外向、聪明伶俐的学生，大错不犯小错不断，且每次都能给自己找到借口，多次谈话都没有效果。反思总结后，我发现每次谈话都是我先说话，指出问题，提出要求，然后再让他说。这就等于我先把底牌亮了出来，他根本不去反思、自省，而是立刻进入应急状态——找借口、想对策、了结过关。原因找到了，方法就有了。他又一次因为顶撞老师被叫到办公室。这次，我没有说话，而是静静地看着他。他开始还很镇定："老师，有事吗？"我点点头，还是没有说话。过了一会儿他说："老师，我错了。"我看着他，依然没有说话。此时无声胜有声，于是，他开始反思自己的问题，解析自己的错误了……

8. "笔谈"法

教师借助书信、便笺、周记、作业批改附言、赠言等来与学生进行沟通,从而促其自新,催其进步。例如,我班的小强,理科很好,但是英语背诵却让我很伤脑筋。有一次,我批改他的周记,他提到自己小学时就一直背不好课文,以至于认为自己天生不是背诵的料,现在他也不想再去浪费时间了。我没有直接把他叫来批评、训斥,而是在他的周记评语中写道:"先不要给自己贴上消极的标签,试一试,你肯定行!"之后一次的背诵中,小强虽然是磕磕绊绊,但背过了,这已经是很大的进步了。我马上在他的周记上进行了表扬:"看吧,我说你行你就行!"慢慢地,他终于找到了背诵的自信。后来他又在周记中写道:"感谢老师对我的鼓励,我坚持了一个学期,现在再也不怕背诵了。"我回复道:"不用谢,你本来就很棒!坚持到底就是胜利!"

9. "得寸进尺"法

教师在给学生提要求时,这个要求要合理、看上去完全可以做到,学生就容易接受。然后循序渐进,当学生达到了较低的要求后,再逐步提高要求。学生会被教师引领着,在不知不觉中持续地进步。在此过程中,还要经常使用正面强化,即当学生取得点滴进步时,需要及时肯定和鼓励,让学生感觉到自己的努力老师看得见,他就会不断地进步以期望自己的形象保持前后一致。

10. "先大后小"法

教师在批评教育学生时,为了达到自己的目标,可以先对学生提出一个很高的目标,甚至是不可能完成的任务,当学生感到非常困难时,再让一小步,学生就会觉得做到这步并不是那么困难了。

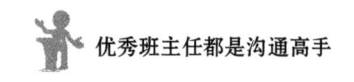

11. "三明治"法

所谓"三明治"法，就是把批评的内容夹在两个表扬（或肯定）之中进行。"三明治"批评法因为能消除学生的防御心理和后顾之忧，维护受批评者的自尊心，因而可以使受批评者愉快地接受批评，认识错误、改正错误，并以积极的心态投入到学习生活中。使用"三明治"批评法要注意以下两点。第一，它的基本结构是：肯定—批评—鼓励，我们可以根据不同的情况扩大或缩小其中的某一部分，也可以把批评分几次加在肯定和鼓励之间。但不能改变各部分之间的先后次序，否则它的积极作用就发挥不出来，甚至产生坏的结果。第二，教师在批评学生时要有爱心，要投入真情实感。做到"肯定"真诚可信，"批评"语重心长，"鼓励"寄满希望，让学生切实感受到自己不是在接受批评，而是在接受一个长者的劝告，从而使自己的行为更加完善，成为一个更完美的人。

常言道："凡事有法而无定法。"班主任应针对所带班级每个学生的性格、思维方式和心理状态以及所犯错误的程度等具体情况，分别采取不同的批评方法，才能达到"润物无声，教育无痕"的至高境界。

（江苏省昆山市城北中学　李中霞）

[专家视角]
随机应变的教育机智

班主任的随机应变能力是教育机智的集中体现。这种能力大致包括三个方面：一是对突发情况做出积极反应的能力；二是对突发情况作出果断决策的能力；三是处置突发情况的能力。

班主任的教学对象是个性不同、心理面貌各异、家庭环境和教育背景不一的鲜活的生命个体。他们身上具有明显的两极性。一方面，当今时代信息发达，学生们视野开阔、思维活跃、反应灵敏，遇事喜欢分析，敢于亮出自己的观点，个性鲜明。另一方面，很多独生子女恃宠，骄娇二气皆有。这就给班主任的教育加大了难度，它要求教师不仅要具有良好师德，真心爱学生，而且还要具备灵活机智处理问题的能力。

班主任的教育机智是在教育实践中长时间积淀下来的，在不断变化的教育情境中随机应变的教育能力。班主任的教育机智或表现为及时抓住一闪而过的教育时机，或表现为不动声色中的润物无声，或表现为对无法预见的情境进行出乎意料的塑造，或表现为临场巧妙的游击战术等。正如俄国教育家乌申斯基所说："不论教育者是怎样地研究教育理论，如果他没有机智，他不可能成为一个优秀的教育实践者……"这句话凸显了教育机智的重要性。

在第三辑"四两拨千斤的沟通艺术"系列案例中，张莉老师面对破坏力极强的叶子同学，并没有产生厌恶偏见，当发现他因衣衫单薄而感冒时，递上了一盒治疗咳嗽的药。在这个一闪而过的时机上，张老师给出的是一剂心灵的良药。陈宇老师面对已经筑起心理防线、设计好如何应付老班责问的迟到学生，用一个微笑、一个"早"字，在小杭同学心理防线最弱的地方给了他温柔的一击。王千老师面对四仰八叉地靠在椅子背上，甚至把脑袋枕在后面同学的书上，呈现出"青蛙晒太阳"姿态的"万人嫌"同学，用办公室里教师听课用的圆凳替换掉了他的靠背椅，不仅改变了他的坐姿，更改变了他的学习态度。于洁老师在与个性极强、其他老师不敢碰的学生交流中敏感地意识到了家庭是这个学生的伤痛点，及时避开猛烈炮火，以退为进，让这个伤痛点变成学生人生的转折点。这些老师随机应变的能力和巧妙沉着的教育机智，让人叹服。

那么，班主任的灵感或教育机智究竟从何而来呢？

要想得来全不费工夫，唯有踏破铁鞋；唯有众里寻他千百度，才会蓦然回首，发现那人却在灯火阑珊处。正如下文所示：

班主任的教育机智，是其综合运用各种教育能力达到娴熟地步的表现，是智慧、理智、胆识和意志四者的独特结合和巧妙运用。

班主任的教育机智，是对平时积累的教育经验深思熟虑的结果。如果没有对学生的年龄特征和个性特征的长期而深刻的了解，如果没有把握所带班级学生的心理脉搏，班主任就不可能当机立断地采取有效的教育手段。

一个班主任必须具有高度健康而稳定的情绪，他应当有能力把自己个人不健康的情绪消除在情感之外，他必须高度重视自己言行的后果。因而，讲求"教育分寸"并做到恰如其分，是教育机智能否得以有效发挥的关键。

没有长期做班主任工作的人，一般都不会有令人称赞的教育机智。一旦遇到突发事件，只能是或束手无策任事态进一步扩大，或采取消极粗暴的办法把问题压制下来，其后果必然令人担忧，不堪设想。(http://essay.goodmood.cn/a/2010/0319/17_ 20995.html,《谈谈班主任的教育机智》)

陶行知先生著名的"四颗糖"和"圈小数点"的故事，看似轻巧，实则四两拨千斤，蕴含着无穷的教育智慧。由此可见，教育机智来源于一个人的智力水平、情绪控制能力、教育实践经验的积累沉淀，还有想要拥有教育机智的研究意识。

（南京师范大学班主任研究中心　齐学红）

第四辑
善于捕捉教育的时机

  一旦"抓机遇"成为一种工作习惯,它给班主任带来的帮助就是巨大的,因为教育的机遇无处不在。如果班主任善于捕捉,那么他给学生带来的影响就大。

  学生在成长中会受到一些关键事件的影响而改变自己的人生。我们不知道什么样的事件会影响到哪一些学生,我们需要做的就是不断制造这些事件,提供更多的机会,让不同的学生能受到不同事件的影响,这将极大地增加学生成功的概率。

案例1："名人"效应

2006年5月，中科院院士、数学家、计算机专家张景中来看望我的父亲，在昆山可以停留一个下午。我在接待他的时候突发奇想，想要他到我的班级里去看一看我的学生。

正值中考前的一个月，尖子生已经定型，后进生也基本定型，唯独成绩中等、上进心不强、自信心不足的中等生还处于不定型阶段。我和张教授说了我的用意，要求他帮我一个忙——那就是当他进入我的班级和学生们握手时，如果我在他胳膊上掐一下，那么他面前的这个学生就是中等生，请他在肢体和言语上就对该学生多一点鼓励。他爽快地答应了。

教室里很闷热，我们在走廊的一个空地上站着说话。教授亲切地和学生们一一握手。

果然，当中等生A走到张教授面前时，我掐了张教授的胳膊，教授拍了拍A的肩膀："小伙子不错，很有灵气，好好学数学。"A的脸上一片灿烂。当中等生B来到面前时，我又掐了教授一下，我一看B的手里拿着本数学书，赶紧说："教授，给他签个名吧。"教授爽快地答应："好啊！"B欣喜若狂。于是所有的学生都拿了数学书涌了过来，教授不厌其烦，一一在他们数学书上签名。中等生C看到教授悬空拿着书签名很不方便，于是弯下背说："教授，把我的后背当桌子垫着吧。"教授迟疑了一下，拍拍C的脑袋，照办了。当其他学生的数学书全部签名结束后，教授微笑着看着C说："你的书呢？拿来我写。"C激动起来，竟然撩起衣服，露出后背，"教授，你写我后背上吧！"教授笑道："那一洗澡不就没了吗？"C顿悟道："对呀，我真傻。"教授说："你这个T恤贵不贵，不贵我就写你衣服上吧。"C跳起来叫道："太好了！"

那一年的中考，全班数学成绩高得连数学老师都惊呆了，隔壁几个班级的数学老师连喊不可思议。

后来的几届学生，在没有那么大的名人来帮我的情况下，我借助了上一届中考状元的力量，如法炮制，一届一届都取得了良好效果。

（江苏省昆山市葛江中学　于　洁）

案例点评

机会总是留给有准备的人

很多班主任苦于没有合适的教育资源，开班会搞活动总是干巴巴的，他们往往会抱怨学习压力太大、时间太紧，没时间找到合适的教育素材。其实，教育资源俯拾皆是：班级里学校里的大事小情、身边的人和事、教师、学长、校友、家长、社区、社会……关键是看你有没有一双善于发现的眼睛和一份善于抓机会的敏锐。

班主任的工作要有一定的灵活性，要随机应变。教育资源对每一个教师都是均等的，关键是如何开发。教育契机有时候是刻意制造的，有时候是随机生成的，但无论怎样，班主任都必须是有心人——他在时刻准备着，一旦灵感或机会出现，就能及时抓住并很好地开展工作。

班主任必须在战略上有所筹划，针对学生的特点，需要并且可以进行哪些行之有效的工作或活动，心里是有数的；在具体操作上又要有一定的灵活性，善于变通，不能呆板。本案例中班主任自称"突发奇想"，其实是心中有大局，时刻在为学生的成长思考着。心中有了，眼中看到的、现实中遭遇的一些事件均能在第一时间被抓住、发掘。否则，这样千载难逢的机会是稍纵即逝的（只有那一个下午）。班主任还必须灵活地处理课务，可能要征得任课教师的同意，把时间腾出来完成这次活动。但不管怎么说，这样做都是值得的，学生从这次励志活动中的收益可能远远超过上几节课或者考一次试（最后的事实也证明了这点）。

一旦"抓机遇"成为一种工作习惯，它给班主任带来的帮助就是巨大的，因为教育的机遇无处不在。如果班主任善于捕捉，那么他给学生带来的影响就大。我在一篇文章中曾经写过：

学生在成长中会受到一些关键事件的影响而改变自己的人生。我们不知道什么样的事件会影响到哪一些学生，我们需要做的就是不断制造这些事件，提供更多的机会，让不同的学生能受到不同事件的影响，这将极大地增加学生成功的概率。

（江苏省南京市第三高级中学　陈　宇）

案例2：做"简单"的事，让她变得不简单

去年我班学生小A因为同学间的纠纷受了处分。其实，这个同学还算是一个很本分的孩子，所以我就盘算着让她为班级做点事，借以树立正面形象，争取早日撤销处分。

那时候正好班级包干区的卫生情况不是很好，我便和小A商量，问她是否可以每天抽空去检查一下包干区的卫生，顺便做点补救工作。同时，我还给她提出了一个小要求，就是把每天检查的次数和时间记录下来，一周反馈一次。她毫不犹豫地答应了。其实，最初也就是这么一说，没想到她竟然坚持了下来。每周她都准时向我汇报检查情况，我会问她包干区哪些死角容易疏漏等问题，让她感到我对这份工作的重视。就这样，一周周过去了，她始终做着这简单而又枯燥的工作。在之后与她的一次次交谈中，我从中感受到她对工作的热情与执着。由于她的努力，我们班级的包干区工作开始有起色了。

在一次批阅学生日记的工作中，我偶然发现一位同学描写小A的文字："每次她总是戴上眼镜，弯下腰来检查包干区卫生。每天早、中、晚三次，很是仔细。"因为小A同学平时是不戴眼镜的，当读到这段描写时，我就认定她能够把包干区的事情做好。我想，一个能够坚持把小事做好的人，一定是个值得信任的人。

事后我找她谈话，问她通过这段时间的检查是否已经抓住了包干区不好管理的症结，是否可以由她来担任包干区打扫的负责人。我心里明白，这项工作说起来容易做起来难。我们的包干区是厕所外面的一条连廊，人来人往不说，而且又是垃圾堆放地。经常你打扫好了，别人又弄脏了。而她只是笑笑，爽快地答应了。当然，我也给予了她最"实惠"的权力——打扫人员由她来挑选。就这样，一支新的包干区打扫队伍闪亮登场了。

由于有了前期的铺垫工作，她们的打扫认真及时，不留任何卫生死角，班级的包干区卫生立即明显改善，这支新组建的卫生包干团队也很快脱颖而出。部办主任多次问我，你们班级包干区怎么进步这么快？我自豪地告诉他："我们选了一个很棒的带头人……"到了学期末，小A终于通过自身的努力被撤销了处分。

今年，小A和她的伙伴们仍然坚守在自己的岗位上，一如既往地把包干区打扫得干干净净。从她们齐心协力的劳动场景中，我看到了一支已经成长起来的优秀团队。

为了充分开发和利用这一教育资源，我特意请班刊记者采访团队成员，让她们谈谈一个多学期来参加劳动的感受，同时还在周刊上开辟出一个版面报道这个团队。在家长会上，我们班级还邀请她们的家长为"小A团队示范岗"举行授牌仪式，颁发荣誉证书，同时我们还为团队成员制作了个人风采展板。在授牌仪式上，我用海尔集团张瑞敏的一句话评价了她们的付出："把一件简单的事做好就不简单，把一件平凡的事做好就不平凡。"的确，回顾这个同学的成长经历及其团队的出色表现，得益于她们能够坚持做好那些简单的事情。

这样的做法，我也在班级其他同学身上推广实施，如请生活委员负责给同学进行饭卡充值,让他把每次充值的名单、金额及充值所花时间记录下来;请班级的爱心大使给班级生病的同学打问候电话,并且把内容做个记录;请班级的班委坚持写班级微博,把精彩的内容投递给班级周刊,等等。所有这些小小的举措正在一点点地影响着我们的同学,也在引领着她们从稚嫩走向成熟,从简单走向不简单。最后,我想用萨克雷的几句话来为我们的努力做个结语:"播种一种行为,收获一种习惯;播种一种习惯,收获一种性格;播种一种性格,收获一种命运。"

(江苏省南京江宁中等专业学校　陈　斌)

案例点评
AN LI DIAN PING

以点带面,发挥典型示范作用

我们的教育多年来都在培养孩子从小树立远大理想,却很少告诉他们要从小事做起。国外的家庭教育强调用分阶段目标引导孩子从小处做起,一点点培养他们成功的感觉。职业学校的学生由于基础较差,不能一下子就对他们提出超出能力范围的要求,培养他们脚踏实地的习惯更切实际。

班主任在教育过程中,通过培养典型可以达到以点带面的效果,对点的培养要像对植物的幼苗一样精心呵护,一旦它们成长起来必将为你遮风避雨。在这个案例中,陈老师对这个学生的培养过程一开始并没有过高的期待,更多的是把她身上体现出来的优秀品质进行了适当放大。

在教育过程中,可以通过一些小事情来培养学生的意志力,而意志力必将为他们今后的工作带来丰厚的回报。陈老师并没有因为小A同学受了处分而对她抱有成见,而是"盘算着让她为班级做点事,借以树立正面形象,从而争取早日撤销处分"。从中可以看出,陈老师是真正把学生当成孩子。在一个孩子的成长道路上,难免会犯这样那样的错误。如果只盯着学生犯的错,那么师生间是无法建立良好的沟通渠道的。

陈老师在一次批阅学生日记中"偶然发现一位同学描写小 A 的文字:'每次她总是戴上眼镜,弯下腰来检查包干区卫生。每天早、中、晚三次,很是仔细'"。陈老师也注意到这个同学平时一般是不戴眼镜的,为了把事情做得完美,这个同学才戴上了眼镜弯腰检查。我们发现,陈老师是个很善于捕捉一些小细节、小信号的人。也因为这个细节,陈老师以点带面,以功盖过,让一个曾经受过处分的学生成为了班级的大功臣。

(江苏省昆山市葛江中学　于　洁)

案例3:一个人的毕业典礼

俊雅是我班的一名学生,学习成绩不是很好,因为全国成人高考未通过,她只能提前结束学业,选择去工厂顶岗实习了。她在班级里人缘很好,在班级的各项活动中都可以看到她活跃的身影。对于她的离校,同学和我多少有点不舍。

离别的时候总是最能把潜藏在内心深处的那份情感表达出来。而今我们也遭遇了这提前的离别,我们又能做些什么呢?对于我的这帮学生来说,离别之后也许很难再聚;对他们而言,同窗的离别正是触及他们情感深处的一个重要时刻;对他们来说,离别也是人生必须懂得的一课。想到这里,我也思考应该为她做点什么。

上学期最后一次跑操。那天早晨我在班级做了简单的动员。我问同学们:"今天是本学期最后一次跑操。对我们大多数人来说,这是本学期最后一次跑操，但是对于一位同学来说，可能是在学校的最后一次跑操了。"同学们都心领神会。我说："那我们能够为她做些什么呢？"有同学说："让她再给我们做一次领跑。"因为体委脚受伤了，最近几次都是她做领跑。全班同学齐声说："好！"我郑重地把班牌交到俊雅的手中，全班同学都自觉地服从她的安排排好了队形。由于这一次是比赛，班主任不能跟着一起跑，我只好在起点静静地等候她们。

我没有看到跑步的情景，却注意到了回来的时候她和同学们抱在一起，我静静地走开，没有去打扰她们宣泄自己的情感。那一刻，我感受到她们已经体会到了同窗之情。事后，我看到班级周刊上的记录："第二天跑操的时间到了，我们大家都很听从她的指挥。由于班主任不被允许跟跑，所以她就是我们的'班主任'。在跑步过程中，她不断提醒我们要看齐，脚步声要整齐，不要说话，注意左右摆臂。可以说在本学期的跑操比赛中，我们班这次的口号是最响亮、最有力的，响彻整个校园……或许她一个很小的动作没有引起大家的注意，但是我看到了，俊雅流泪了。虽然表面上她很坚强，但是那一滴滴眼泪说明了她彼时彼刻的心情。"

俊雅离校的那天，我邀请班级同学为她做了精美的纪念册，并举行了简单的道别仪式。我发表了一点感慨："大家一定都很奇怪，为什么当俊雅离开的时候，我会想到为她做些事情。先是在学期末最后一次跑操中我特意安排，让大家自己选择俊雅来给我们做领跑，特意请同学为俊雅设计精美的纪念册。我想不仅仅是因为俊雅下个学期无法和我们在一起同窗共读了，而是因为她在这三年中确实给我们留下了很多美好的记忆。在每一次班级卫生大扫除中，我们都能看到俊雅劳碌的身影；在每一次征文活动中，她一次次为班级赢得名次，拔河、跑操、主题班会及元旦晚会中，我们都可以看到俊雅这个'开心果'。今天她的提前离开让我们再次想起'让人们因为我的存在而感到幸福'这句话的深刻内涵。我们今天为俊雅举行了一个人的毕业典礼，她的故事对我们每位同学都是一次触及心灵的思考。"

那一天离校检查时，我发现了两个细节：其一，大多数走读生在教室里仔细地打扫每一个角落；其二，早已搬出宿舍的俊雅回到宿舍一遍遍地拖地。这一幕幕深深嵌入了我的心灵。

2011年2月14日,情人节这天,也是我们开学的第一天。已经工作的俊雅,请了半天假,冒着风雪严寒,拿着用半个月工资买来的玫瑰花来到学校。当她走进教室的那一刻,全班同学都被她感动了。我不能不说,那一场毕业典礼和师生们的深情厚谊让她终生难忘。

(江苏省南京江宁中等专业学校　陈　斌)

案例点评

抓住教育机会的"唯一性"

案例标题非常漂亮!让人忍不住要赶快阅读下文。

润物无声的精心安排,潜移默化地影响了当事人俊雅和她的同学们。文中的教师有着一颗拳拳的爱生之心,细致的观察,细腻的情感……无不触动我们的心灵。他以"智取"巧妙地为即将离别的俊雅举行了一场特别的毕业典礼。他做了一个很好的引导者,充分体现了"以学生为本"。在抛出一个主意后,让学生去做决定,唤醒了全班同学的情感,真切而不做作。我想,这位同学一定会终生难忘这个别样的毕业典礼,她的同学们也一定会记得曾经有个优秀而独一无二的她,曾经有这样一个充满爱的班集体,曾经有这样一位触动心弦的班主任……

这位班主任老师思虑周全,做事循序渐进,善于抓住学生身上的优点或长处来展开有效的爱的教育,进而取得了良好的教育效果。这样一位好老师,这样一个班集体,我想对这些学生的影响是一生的。

班主任的日常工作是琐碎的,更多的是即时地处理突发状况,这是常态化的班主任工作。在这个案例当中,我看到了一种非常态的思想教育,这种教育的契机是非常难得的。和大家处于同样的年龄、同样的时间段，却没办法继续和同学们做同样的事情，俊雅当时心里的感受应当是十分复杂的。她即将走向远不如校园单纯的社会，而此时陈老师恰好抓住这个时机，开了一个班会，这既能让俊雅感受到集体的温暖，也对班集体凝聚力、向心力的形成有很大的促进作用。

班主任不但要将常态的工作做好，更应当细心留意，抓住教育契机。人生中的很多第一次和最后一次都是值得铭记的，这样的教育契机，需要我们及时捕捉。

（湖北省襄阳市第43中学　赵　丹）

案例4：我被学生"忽悠"了

那年，我担任初三班主任。

一天放学，我照例到教室里检查学生做值日的情况。教室里大部分学生已经回家了，只有几个学生在扫地，还有两个学生在收书包，珉豪同学则站在门口等值日的好朋友小钢。

珉豪见到我，神秘地把我拉到一旁，说有个东西给我看。我有些诧异地打开他递给我的一个信封，里面竟然是个女同学写给男同学的信，信中表达了对这位男同学的好感。这明显是封情书。我心里有些不安，但是在珉豪面前表现得十分淡定，因为究竟怎么回事我还不清楚。

见我平静地看完了，珉豪神秘地问我："姜老师，你知道是给谁的吗？"信中并未指名道姓，我也很好奇。

"谁啊？""小钢。""他？""很有桃花运吧？"珉豪挤眉弄眼地说。

我心中不禁疑惑，小钢为人老实，在班里成绩还算好，物理成绩比较拔尖，是我任命的物理课代表。不过，他被女同学喜欢，这有点让我难以相信。因为小钢长相普通，不及他的好朋友珉豪。但这也难说，也许学生的审美观和我们这些人到中年的老师不一样吧。

见我不信，珉豪又很肯定地告诉我其他班的女同学对小钢如何有好感。既然小钢的好朋友都这么说了，我也只得将信将疑。

一旁的小钢见我们看着他悄声低语的样子，停下动作盯着我们，感觉一头雾水。见小钢这般模样，我和珉豪不由得哈哈大笑。

珉豪看我不像是要找小钢麻烦的样子，便问道："姜老师，你会怎么办？"

我说："这很正常啊。"

"你不打算惩罚小钢吗？"

"为什么？又不关他的事。"

"真的？"

"真的。"

看我不打算深究这件事，珉豪很明显地松了一口气。

我不禁很奇怪，再低头去看那封信，信中没有指名道姓，看不出是写给小钢的。

这时，珉豪主动招认了："这封信是写给我的。"是他放学时在课桌里发现的，那位女同学还在等他的回信呢。

这时我才恍然大悟：我被我"狡猾"的学生下了个套，被他忽悠了。珉豪假借女同学写给小钢情书的名义，来试探我对这件事的反应。也许是因为见我还算"通情达理"，也许是因为看出我有一丝怀疑，也许是因为第一次遇到这样的事，想找个人问问意见，最终坦白了是女同学写给他的。

应该说，我理应很气愤，因为我被自己的学生欺骗了。但转念一想，遇到这类问题，在面对可能批评自己的老师面前学生的确难以开口。说出这件事，不管用哪种方式，还是需要勇气的。何况，现在这位学生还在等我的意见和建议呢。看在他还算信任我的分上，我只能坦然承认被这位珉豪同学小小地耍了一下。

之后，我对珉豪说，这类事发生在少男少女之间很正常，只适合冷处理，不用回信，就当没有发生过。如果她是一位知道自重的女同学，就明白这件事不用想了。而作为一位男同学，有女同学喜欢，说明你很优秀。这不仅表现在外表上，更体现在内在上。现在是初三阶段，要想让更多的女同学认为你不错，就应该提升人品，并且把学习搞好，以证明自己不是"金玉其外，败絮其中"的人。何况，好的果子，要等成熟之后再品尝才更有味。听了我的一番话，珉豪欣然接受。

回到家里，我突然灵机一动：这不是老天给我这个班主任创造的一次教育机会吗？初三了，遇到这类问题的不仅仅是珉豪同学呀。

之后的某次班会课上，我提出了一个问题："初三时期假如收到了情书该怎么办？"学生们讨论得很热烈。我又借课文里教育家苏霍姆林斯基所写的《给女儿的一封信》，对全班同学进行了引导。后来，珉豪同学的学习情况等，也一切正常。初三毕业后，他顺利地考入了市重点高中。那段朦胧的、尚未发生的恋情就这样无疾而终了。

（江苏省无锡市凤翔实验学校 姜 燕）

案例点评

把问题事件转化为教育机会

看完案例，很欣赏姜燕老师的冷静处理，姜老师没有怒发冲冠地去责备珉豪对她耍的小伎俩、小聪明，也没有神经紧张地反应过度，而是将早恋问题冷静地处理掉了；更感叹她的聪明智慧，"谈笑间樯橹灰飞烟灭"，居然还用了"草船借箭"，把一次情书事件创造为一次教育全班同学的机会。

哪个少男少女不怀春？做班主任的最头痛遇到早恋问题，因为它敏感又棘手,很容易棒打不散反而产生恶性后果。初三的学生正处于青春萌动的时期,对异性怀有好感是很正常的。现代社会媒体信息发达,网络上、电视里处处充斥着各种各样的爱情题材作品,甚至少儿动画片里也有,要想遮住学生的耳目是不可能的,他们多多少少会受到"熏陶"。"90后"、"00后"的学生更是敢爱敢恨、敢说敢做,心里有爱就直白表达,像这样写情书传递心意的还算是比较含蓄的。有的老师和家长遇到这种情况就会如临大敌,过度紧张,严厉斥责。这样不但没有制止住正处于青春叛逆期学生的行为,反而促使他们做出错误的甚至过激的决定。面对洪水,最好的办法不是堵,而是疏导;面对早恋,不可以讳疾忌医,避而不谈,也不可过分在意,使之成为热点。不如朦胧一点,让学生与这类问题保持距离,用冷处理将早恋放到时间的冰箱里保存。多年之后,也许这会成为一段美好的回忆。

很多班主任对于如何教育学生不要早恋很犯怵,想提又不敢轻易提,其实是因为没有恰当的机会,贸然教育反而会带来负面效果。姜老师灵机一动,利用并改造了一次情书事件,开设了一堂班会课,抛出了一个现实问题,在讨论中让学生学习到处理这类事件的正确方法;并且利用课本中名家的书信对学生进行引导,更是有理有据,令人信服。相信姜老师的学生们会在这一次班会课后变得稳重成熟起来,一定会牢记她所说的话:"好的果子,要等成熟之后再品尝才更有味。"

(江苏省昆山市葛江中学　于　洁)

[专家视角]
与学生沟通的有效性

所谓沟通的有效性,可以概括为这样一句话,即"对教育时机的把握";所谓对时机的把握,又可以概括为,"在恰当的时间做出了恰当的选择和恰当的行为"。对于班主任而言，这就意味着要对教育时刻保持特有的敏感，对教育本身怀有坚定不移的信念，对学生持有一颗博大的爱心，做到心中时刻有学生。这对于长期面临大量烦琐的事务性工作、工作时间相对较长的一线班主任而言实属不易。正如本辑引言中所说，一旦"抓机遇"成为一种工作习惯，它给班主任带来的帮助就是巨大的，因为教育的机遇无处不在。如果班主任善于捕捉，那么他给学生带来的影响就大。

我们在第四辑"善于捕捉教育的时机"的系列案例中看到，于洁老师看似信手拈来的教育时机，其实是她心里时刻有学生，为学生一生负责的具体体现。对学生进行理想教育也不一定采用说教的方式。利用中学生对名人崇拜的心理，巧妙地安排了一次与名人的见面和签名活动，唤醒了中等生的上进心和进取心，取得了事半功倍的教育效果，让我们体会到"班主任因爱而用心"。

在"做'简单'的事，让她变得不简单"案例故事中，陈斌老师对于一位受处分的学生不仅没有歧视，而是创造机会，让犯错误的学生在做简单的事情过程中改过自新，变得不简单。在使这个孩子意志力得到锻炼的同时，让更多的孩子学会了尊重，学会在错误中成长，起到了"以点带面"的示范、引领作用，让我们体会到"班主任的爱是一种成全"。因为这份成全，使得班主任工作成为一项伟大而又光荣的事业。这样的故事也许每天都在发生，可喜的是，这位班主任不仅自己在记录，也让学生学会观察并记录每天发生在身边的这些平凡的故事，并且成为一种习惯。因为这份持之以恒的记录，使得这位班主任变得不平凡。

在"一个人的毕业典礼"案例故事中，班主任为一个因未通过考试提前结束学业的学生精心设计了"一个人的毕业典礼"，特意安排她为全班同学做最后一次领跑，特意安排全班同学为她设计纪念册，让孩子们懂得珍惜同学间的情谊，学会面对人生中一次次平凡而又普通的离别。这里体现了班主任工作的平常心，将学生生活中的每个细节当作一种教育契机，让学生受到潜移默化的影响。"一个人的毕业典礼"让我们感受和体会到，班主任不会因为这是一位未完成学业的学生而对其置之不理或放弃，体会到

"班主任无差别的爱"。

在"我被学生'忽悠'了"案例故事中，班主任面对试探自己态度并忽悠自己的所谓"早恋学生"，不是出于师道尊严认为自己的权威受到了挑战而愤怒，进而采取过激行为，而是淡然处之，将"情书事件"转化为一次难得的教育契机，借机引导全班学生如何面对早恋问题。在峰回路转的教育故事面前，不得不感佩这位班主任的教育智慧，让我们体会到"问题即教育资源"这样一个朴素的道理。

这一个个故事在感动学生的同时，也让我们的班主任相互感动。这无疑是一次博大无私的爱的洗礼。班主任与学生沟通的有效性就存在于这样的用心教育中。

（南京师范大学班主任研究中心　齐学红）

第五辑
积极期待的沟通策略

"温暾水"孩子的内心也是积极的,只不过他们较一般同学内隐而已。他们需要别人的肯定和鼓励,需要展示成功的平台,而信心对他们来讲也许是最重要的。我们教师不能以成绩论英雄,而是要善于发现、挖掘、放大孩子身上的美丽。中等生所孕育的潜质是教育的巨大资源,一旦这部分学生的潜能被调动起来,他们的进步幅度会是相当可观的。

案例1:"温暾水"也会有奇迹

小雨是典型的"温暾水"型,课堂上从来没有她的声音,即使在老师的启发甚至鼓励下,同学们都七嘴八舌讨论开来时,她还是默不作声;小组合作进行实验时,每次她都是在边上打下手,不是递器材就是看数据;课间,同学们或者师生之间交谈甚欢时,她也不参与,总坐在座位上无所事事,即使和同学说话也好像怕人家听到一样保持拘谨。

我带了这个班两年的物理课,从来没见过她主动举手回答问题。她上课时总是一脸认真的样子,但从她的表情知道她对课堂内容掌握得并不是很好,事实证明也确实如此,每次她的考试成绩都处于中等或略偏上。

然而在刚结束的中考中,她的成绩让我大跌眼镜,物理成绩竟然比班上的种子选手还高出2分,进入了优秀阵列,总分也一下子上升很多,完全出乎任课老师们的意料;而与她相类似的另外几个"温暾水"同学,中考成绩也居然出奇地好。

中等生所蕴藏的潜质是巨大的教育资源,这部分学生的潜能一旦被调动起来,他们的进步幅度会是相当可观的。回顾、梳理对小雨的教育,寻找她的成长历程,抽丝剥茧,从平时的点滴变化中惊喜地发现,其实"温暾水"出现奇迹并不奇怪。

[片段一]

上课提前几分钟进教室与学生们闲聊是我坚持多年的习惯。一是可以借此机会掌握学生的思想动态,了解他们的学习困难,关心他们的个人生活,拉近和学生间的距离,不会让他们觉得这个老师很"冷"。二是给学生提供问问题的时间和机会,因为办公室离教室很远,让学生主动到办公室的确不太方便,况且很多孩子根本没有这个意识。三是有针对性、有计划地找个别学生谈话,指出不足并提出改进建议。下面是我和小雨的课间谈话实录：

师："昨天回家作业多吗？"

生："还好吧。"

师："做到几点钟？哪门学科最多？"

生："九点多吧，各门功课都差不多，有时这门功课多点，有时其他学科多点。"

师："最近的物理课有难度吗？"

生："还行。"（她同时不断地点头）

师："有什么地方觉得有难度？"

生："暂时没有。"

师："学习上碰到困难一定要及时解决，不懂的可以来找我，也可以问同学，千万不能把问题往后压，越往后越被动。"

生："知道了。"

我问的问题无关痛痒，不会对她有任何思想上的压力，谈话氛围是相当宽松的。她的回答简洁明了，没有任何拖泥带水，也没有任何想主动或者继续跟老师交流的意思。这次谈话我只是想知道她真实的作业量信息，关心孩子的睡眠时间是否充足，是否需要在教师间进行作业量的协调。对于她来讲，我这种问话方式能够和她拉近一些距离，减轻她课上的心理负担，让她感觉到老师在关注着她也就够了。

[片段二]

刚结束的物理日常测试，小雨同学的成绩一如她的平时表现，温和而平庸。课间我跟她聊天。

师："这次考试你的基础题做得不错，老师觉得你基本功很扎实，准确率相当高。但有些难题你要注意其中的隐含条件，注意试题中的关键词，在这方面的把握还有待改进。"

（在肯定取得成绩的同时，直接指出她测试卷中的不足，提出今后努力

的方向）

生："嗯。"

师："如果现在让你重新做一遍，哪些题能够自行解决？成绩能提高到多少？"

（试卷批改后还没有讲评，让她自己发现错误并订正，既是给她机会重新审视对知识的理解和掌握，同时也给她以独立完成高质量作业的信心，发现与优等生间距离并不大）

生："大概可以再提高10分吧，90分以上没有问题。"

（有一个难题的确为难她了，她的估计也很中肯，比考试成绩多了10分，这说明绝大部分题目她还是能够自行解决好。也就是说，从她对知识的掌握程度来看，成绩是可以继续提高的，至少有成为优秀学生的潜力）

师："这说明有些题目你是会做的，但对知识点的理解还不够扎实。抛开难题，这些题目你必须抓在手上，只要再细心点，你完全有能力成为优等生。"

（其实，她的作业质量，绝对不是细心就能够解决的，根本原因还是她对知识的掌握不够扎实。对于她这样相对比较自觉的"温瞰水"学生，给她信心，鼓励是最重要的）

生："好多题目我会的，做的时候也不知怎么做错了。"

师："这说明你还有很大潜力，就是太粗心了，以后做题时需要更仔细。你看，如果你测试时就把这几个会做的题目搞定了，那成绩不就一下子上去了吗？看你下次表现。"

（继续鼓励，给她以信心，同时指出改进的办法，暗示以后会有好的表现，激发她学习动力）

小雨没有回答，只是点了点头。我知道，她的内心深处是非常想上进的，从平时表现来看也的确如此：课上依旧认真地听讲，课后认真地完成作业，但性情温和的她从来不会外露她的喜怒哀乐，从不让人感觉到她已经尽了相当大的力。我发现，她不温不火的外表下，多了一份信心和坚定，这也许就是"温暾水"产生奇迹的原因吧。

（江苏省太仓市沙溪第一中学　费佳玉）

案例反思

课间闲聊让师生的心走近

像小雨这样的"温暾水"学生，平时容易被老师忽视和遗忘，往往使得他们感觉很孤单，没有存在的价值，进而失去上进的动力；渴望老师的关爱，但由于性格等原因又不愿和老师过多地接触交流，内心深处或多或少有种自己不如别人的自卑感。这类学生，需要的是更多的鼓励和信心，以及老师和同学对他们的认可。

利用课间和学生闲聊一些看似无关痛痒的话题，却能让老师和学生的心走得很近，缩短彼此间的感情距离，增进相互间的信任。特别对"温暾水"学生，和他们多一些闲聊，多一些沟通，可以营造平等的师生关系，可以让学生真切地感受到老师对他们的关心，更积极的意义在于一种心理暗示，让他们在课上没有任何思想负担，不会因为平时成绩好坏或者课上回答不出问题而陷于内疚自责，也促使他们意识到老师平等关爱每个同学。老师最后提出要及时解决学习中的困难，是建议，是要求，也是学法指导，"可以来找我"更是能够温暖孩子的郑重承诺。

"温暾水"孩子的内心也是积极的，只不过他们较一般同学更加内敛而已。他们需要别人的肯定和鼓励，需要展示成功的平台，而信心对他们来讲也许是最重要的。从平时练习的问题中，让他们清楚地看到提高成绩其实并不难，只要把那几个自认为"粗心"的题目解决了就好，是完全有能力和条件实现的。用这种比较直观的方式进行鼓励，孩子能够很清晰地感悟到稍加努力和细心就能提高成绩,对他们来说会产生积极的心态。有了这样的冲动,他们的上进也成为了必然。

(江苏省太仓市沙溪第一中学 费佳玉)

案例2:与"温暾水"学生谈话的技巧

闵,不爱说话,只要开口说话就面带微笑;与同学关系融洽;学习成绩中下等(初二时曾考过班级第三名)。在班上号称"乖乖女",课堂内外任何师生都调动不起她学习与互动的劲头,和老师同学的交流不主动,简而言之,她属于典型的"温暾水"型学生。

这名曾经考过班级第三名的孩子,目前成绩(距离中考只有1个半月)连普通高中都可能考不取。各科老师反馈的信息是:孩子的学习品质很好,学习习惯不差,关键是心思不在学习上,学习方法不当。

我怎样才能激发孩子的学习潜能呢?

离市里的模拟中考还有一个礼拜,一天中午,我约了孩子进行谈话。

师:(走到孩子跟前,摸摸她的头)"今天作业多吗?"

生:"还好。不是很多也不少。"

师:"抓紧时间,给我5分钟和你谈谈心。"

(我坐在孩子的斜对面观察孩子,她一直埋头做作业。离下课还有5分钟时,我们向教室外走去)

师:"最近学习很累吧,感觉小脸蛋都瘦了(看着孩子的脸,怜惜地说)。还有一个礼拜就模拟考了,有压力吗?"

(这席话是为了"积极期待"做铺垫)

生:"没瘦,也没什么压力。"

师："这三年中你曾考过班级第三名吧？我们班至少有四个能读重点高中。"

生："嗯，那是初二第一学期期末时。"

师："哦，对这次模考有多少把握？"

生："不知道。"

师："要不要老师分析一下班级同学在学校模拟考中的成绩？"

生："不要了。"

（因为她在学校的模拟考中，物理 58 分、化学 72 分、历史 32 分，其他学科成绩也是中下等）

师："不愿意再看见以前不满意的成绩了？我相信，在这次考试中，你的物理和化学等学科的一些基础知识你自己会去看，去掌握，对吧？好了，回去吧！"

（明确的积极期待目标话语——"我相信，在这次考试中，你的物理和化学等学科的一些基础知识你自己会去看，去掌握"）

询问物理、化学老师，老师们说她变化不大。等模拟考试成绩出来后再说。

（"询问"物理、化学老师，是教师在"行动"）

模拟考试成绩出来后，孩子的成绩总体有所提高，但进步不明显。

于是，我向她的好朋友了解到一些情况：最近中午一直和璠（学习委员，成绩优异）一起吃饭；目标是省重点高中；每天看书的时候，妈妈总在边上盯着，她很反感。

班会课上，我将班级孩子的成绩与学校给出的各个分数段进行对应（读什么学校），并详细说明。闵听得非常专注。

（进一步行动——密切关注，多方了解）

师："知道明德（普通高中）和沙高（重点高中）两所学校的区别吗？"

生："知道。你一直跟我们讲的（我经常提到这两所学校的学习环境）。"

师："第三名（曾经的第三名）的孩子读明德也不错哦。"

生:"我不想上明德,死都不上明德。"

师:"啊?这么坚决!你的成绩……"

(强化孩子的目标,摆明老师的观点)

生:"我想努力一把上沙高。"

师:"你说什么?努力……沙高?"

(积极期待策略,强化孩子的升学目标)

生:"嗯。"

师:"什么学校?连说三遍。"

(孩子不好意思说,我鼓励她大胆说出来)

生:"沙高——沙高——沙高——死都不读明德。"

(我对孩子的口头禅"死"进行了一番引导)

师:"目标很明确,好!非常好!"

(赞扬孩子)

一周后,了解到她经常向学习委员(璠)请教学习物理、化学和英语的方法。班会课上,和孩子们谈了应该为自己定好切实的目标,然后朝着目标去努力,以闵为例并赞扬了她。化学老师也反馈最近她听课很专注,当堂默写的正确率很高。

要想让孩子有积极的行为表现,教师必须采取比孩子更积极的行动。

于是,我和闵又进行了又一次"随意"的谈心。

师:"化学老师说你最近的当堂默写正确率非常高,上课非常专注,是吗?"

生:(开心地,也有几分兴奋)"我也感觉提高挺快的。我就看了老师整理发下来的那几张复习资料,他们都说考试的时候会用到里面的知识推断、写方程式什么的。"

师:"对,基础的东西一定要牢固掌握。物理、英语呢?"

生:"物理我就看书和练习《能力自测》,英语我看单词的那本小册子。"

师:"非常好,多有方法啊。我相信,你也一定能坚持下来的。"

生:"嗯。"

中考前每一门课我都亲自发准考证（考试结束时孩子都上交准考证，考前班主任再下发）给孩子，并对每一个孩子悄悄地说一句话。对她说得最多的就是："中考的试卷不难的啊，把会做的题目分数拿满，你的成绩就不会差哦。遇到难的问题先放过，最后再做。加油！"

中考成绩出来了！孩子考了 624 分（沙高分数线 623 分），非常开心！闵被沙高录取后，我进行了"回访"。

师："恭喜你如愿以偿。能对我说说模拟考试过后你学习的劲头是哪里来的吗？"

生："当时很害怕上沙高，更害怕自己连高中都上不了。后来认真看书了，发现很多问题自己动动脑筋都会做的，越学越兴奋，初二时考第三名的那种想学、兴奋、学得很来劲的感觉找回来了。"

师："太好了，把这种劲头保持着，到了高三也要这样哦。"

生："嗯……"

（江苏省太仓市实验中学　成士桂）

案例反思

"积极期待"策略

在教育教学过程中，教师对学生采用不同的策略会产生不一样的效果，但对任何学生采用"积极期待"都将收到较好效果。我对一位"温暾水"型的中等成绩女生实施"积极期待"策略，运用对话模式，在合适的积极期待目标下采取积极行动，最后收到了良好效果。

我将自己的积极期待策略归纳为以下几点。

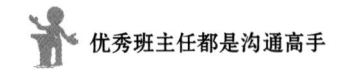

1. 暗示性

把从各方面得到的学生信息汇总和加工后形成对学生的基本看法和期望，通过各种态度、表情和行为方式将期望以相当微妙的方式传递给学生。

2. 层次性

对同一个学生在不同时期存在不同期望。通过眼神、笑貌、音调滋润学生的心田，潜移默化地影响学生，让学生一步一步变得更加自信、自爱、自尊、自强。

3. 情感性

当学生感受到我的真诚期望时，就会倾向于接近我，这样便缩短了师生之间的情感距离；学生一旦体会到教师的期望，就会主动地去接受、理解并努力实现教师的期望。

4. 激励性

充分理解和尊重学生，形成切合学生实际的期望值，增强师生间的相互理解，激发学生的积极性，激励其良好的行为表现，使其充分体验到成功的乐趣，促进学生潜能的最大发挥。

孩子后来的变化原因有哪些呢？"积极期待"策略激发了孩子本来就有的上进心。作为教师，关键是要想种种办法，把孩子学习的"劲头"挖掘出来。在整个过程中，教师运用了"积极期待"策略，其中关键有：教师的积极关注；第三名的刺激；普高和重点高中学习环境的对比；孩子目标的最终确定；学习方法的得当；等等。

（江苏省太仓市实验中学　成士桂）

案例3:"做不成张同学,做马同学也好啊"

在平时的教育教学中,谁是最容易被遗忘的?优秀生吗?他们出色的成绩早就吸引了老师赞赏的目光。后进生吗?想想我们平时的教育教学,我觉得我们在这方面都做得足够多,花费了大量时间和精力。细细想来,我们最容易忽略的只有他们——中等生,那是一个被人遗忘的群体。

原因是他们不会像"调皮蛋"那样给老师带来烦恼,也不会像优异的学生那样万众瞩目。通常,他们性格比较内向,不善表达,也不爱表现。在家长的心中,他们是听话的乖孩子;在同伴的心里,他们是能够信赖的好朋友;在老师的眼里,他们自觉认真,不必操心。在他们的生活中,没有批评,也没有表扬,风平浪静,波澜不惊。上课了,他们就端坐听课;有作业了,就完成作业,不会大声讲话,也不会主动要求发言,不打闹也不嚣张。考试结束后,考得好的学生会得到老师的表扬,考得不好的学生会引起老师的重视或安慰,只有他们,无人问津。培优没资格,补差也与他们无缘。他们如此"顺从听话",真的让老师很"放心"。这一放心,老师的目光在他们身上停留的时间少了,就自然而然被忽略了。

初二年级(1)班的小S就是一位中等生。她个头不高,但也不算矮,成绩不好也不坏,平时更不会惹是生非,因此在班中同学的口中几乎听不到她的名字。提到她的学习,我想,不管哪一位老师都会说:"还可以。"是啊,的确如此,不管语文还是数学,她的考试成绩每次均在八九十分,用我们的话来说趋于中上游。每次作业布置下去,她也能及时完成,虽然字写得不是最好的,但也算是工整;虽然不会每次都正确,但订正时都能认真完成。这样的一位学生,在她身上,几乎让你找不到特别闪光的地方,也找不到很明显的瑕疵。用平平凡凡来形容她是最为恰当的。

开始关注她是因为有一天中午我在三楼值班,闲得无聊时她正好在我旁边玩，我就随意跟她瞎扯起来。当我问到学习时她有点不好意思地说"我希望我能和班中的赵同学一样，他真的很聪明，老师你特别喜欢他，课上总是让他发言，课间还跟他一起聊天、说笑……做不成张同学，我做马同学也好啊……"听到这，我惊呆了！是吗？赵同学就是我班的"小才子"，聪明能干，是学生眼中的佼佼者，更是老师眼中的优等生。她羡慕张同学，这也是情理之中的。但她说的马同学可是我们班典型的"调皮捣蛋鬼"啊，平时作业老师要追着讨，成绩一塌糊涂。"马同学有啥好呀？""虽然马同学成绩不好，可是老师你特别关心他，还叫张同学教他做作业，一有进步就表扬他……"

回到办公室，她的话一直萦绕在脑海，引起了我的思考。

（江苏省昆山市西塘小学　徐　花）

案例反思

把阳光洒向每一个角落

的确，优等生是那么光彩耀眼，备受大家瞩目。后进生虽然成绩不好，但往往更能得到大家的关心和爱护。而只有所谓的中等生，由于个性不明显，成绩不突出，以致常常被老师忽视，得不到应有的关注。感悟 S 同学的话我才发现，我平时太疏忽她了。不！确切地讲是疏忽了所有的中等生！她平时虽然默默无语，但内心强烈期待老师的关怀之情。而我，作为老师，以前竟然从没有发现，更没有去重视她。为此，我打算采取一些措施，把下阶段的目标定为"重点关注对中等生的教育"。

一、有你也有我

"有了爱便有了一切"。教育需要平等的爱，不管他是优秀的还是落后的，平凡的还是不凡的，让我们抛去有色眼镜，对每一个学生都一视同仁，做到不厚此薄彼。我们用心去观察捕捉每个孩子身上的闪光点，帮助他们树立学习的自信心。例如：课堂上多留意他们的表现，走到胆小、不善发言的同学身边，伸出手摸摸他们的头；课间休息时，多和他们聊天，一起说笑，一起游戏；当发现他们取得进步时，鼓励一声："做得好，有进步！""你越来越棒了！"通过一个眼神、一句话、一个动作，一点一滴，让他们感受到自己在老师心中也有地位。

二、你行我也行

一般来讲，班干部常常是优秀生的天下。中等生往往在某些方面不是很出色而被冷落靠边站。其实，能力也是需要锻炼的，如果你经常吩咐他们做事，随时加以指导，慢慢地，你会发现他们也能完成，甚至比优等生做得更好。但是如果你总是一味地把他们晾在一边，时间一长就会影响他们学习的上进心，甚至产生逆反心理，反正什么都轮不到，于是渐渐滑向后进生的行列。为了更好地激发中等生的潜能，锻炼他们的能力，我尝试在班级实行班干部轮换制度，以便给更多的中等生创造发挥才能的机会。同时，还增设了一些临时的班干职责，例如：每天选一个督导员监督班级事务的开展，每周设值日班长，如此等等。无论谁最近进步大，都有机会当一次班干部，过一回"官瘾"。

例如：我班的小阳同学就属于一个典型的中等生，平时不声不响，很少发言，而且体质偏弱，经常气管炎一发作就请假好几天。尽管如此，他上课的时候小眼睛总是盯着老师转，是个内心渴望被关注的孩子。前段时间，班上的一个数学课代表手受伤了不能整理本子，另一个小助手就请他来帮忙整理了一次作业。我发现他非常乐意，而且很负责地向我报告哪一组缺了谁，哪一组同学遇到困难不会做。于是，他就成了临时课代表。课余时间，他开始喜欢在我周围转悠转悠，看我手头空了就来拉几句家常话："老师，妈妈带我参加了××兴趣班。""老师，我帮你整理本子吧。"一来二去，我发现他并不像表面看到的那么文弱胆小，而是很有表现欲望。或许他也发现老师开始关注他了，最明显的就是上课坐得越发端正，敢于积极举手发言了。看到他的转变，我感慨要是没有这次临时课代表的机会，这个孩子恐怕就淹没在平凡中了，不出众，没印象，丢在一边也没人多加理睬。可见，当你用心去关注每一个孩子时，会发现他们身上潜藏了很多优点，有待于老师去鼓励开发，并能看到意想不到的惊喜。

三、你我都有奖

说到奖励似乎也是优等生的"专利"。比如："三好学生"、"优秀队员"等各类荣誉落到中等生头上的机会寥寥无几，就连"进步生"也大多被差生占有，中等生属于典型的默默耕耘无收获型。

一句表扬、一颗红星、一张奖状、一个印章……这一个个的奖励在大人眼里是微不足道的，可是，孩子却是非常在乎的。它们不仅能促进孩子以后更加积极地学习，有时还会起到"四两拨千斤"的作用。那么颁奖时中等生都不够冒尖，进步不够明显轮不到怎么办？我想，没有机会我们就给他们创造机会，增设各类奖项。因为每个孩子都有自己的优点和缺点，有的学习不行但劳动时特别卖力，有的不遵守纪律但很关心班级，有的懒散不听话但一拿到书却很投入……只要你有一颗善于发现的心，总能找到他们身上的亮点。每到周末，我对班上的孩子进行评比，针对一周的表现大家互相评点，说出进步的地方，并且给予相应的奖励，以便让学生在各类单项奖中感受到靠自己努力获得的成功。由此，调动中等生的积极性，激励他们不断上进。

自从有意识地注意了中等生的教育后，一段时间下来，我发现班级中的积极分子明显增多，师生之间的关系也更为融洽了。S同学就是变化最大的一个。课间她能主动跑来和我开开玩笑；当遇到困难时，她也会主动请我帮助她；当她遇到开心的事时会告诉我，和我一起分享。看到她的转变,我由衷地感到高兴。

总之,优等生固然值得老师去肯定,后进生需要老师去鼓励,但我们也不能忽视"中等生"。为了让每个孩子在不同的教育中得到不同的发展,让我们用心关注他们的成长,把阳光洒向那些曾被我们遗忘的角落。

(江苏省昆山市西塘小学　徐　花)

案例4:"两朵红花"引发的教育灵感

我和莉莉的故事还要从那个课间说起。

高二上学期有一次大课间活动,因为下雨,大家都在室内休息,作为班主任的我,在教室内与学生们聊聊天。不经意间,我看到有个学生的课桌上有两朵红花插在一个矿泉水瓶子里,在满屋的书本世界中格外显眼。直觉让我突然警觉起来。我装作若无其事,一边和周围的同学说着上节课的感受,一边自然地走到这两朵花前面:"咦,这是什么?"说着,我轻轻拿起了那两朵花,仔细端详起来,原来是手工做的,很精致,以致让我从远处看以为是真花呢。面前的这位同学有点紧张,竟然愣在那里,一时不知道说什么好。

"老师,这是我送给她的,在家里做的,不是上课做的,您可别没收啊!"我一看是莉莉。

"你做的?"

"嗯,您看,我这里还有呢。"说着,莉莉在课桌抽屉里又拿出了两只"蝴蝶",也是手工作品,更加漂亮。"啊!"我不由得惊叹出声来。

"这是怎么做的?真漂亮!"

"用废弃的丝袜、细铁丝,还有线。同学知道我会做这个,放假期间让我做给他们的。"

"你跟谁学的?"

"邻居家的一位阿姨,我小时候跟她学的。可是我爸妈不让我做这个,把我做这个的材料和工具都给扔了。每次我都是回家偷偷地做。"

"为什么?"

"家里人嫌我浪费时间,耽误学习呗。"

"老师,莉莉手可巧了,她编的中国结和小动物可棒了!"一旁的同学也兴奋地说道。

"嗯,是不错,挺好,有机会也让我欣赏欣赏你的其他作品啊!不过上课时不能拿出来,分散精力可不好。"

"嗯,老师,我们知道了,不会的。"

这个莉莉,身高不到一米六,用她自己的话说,好像从小学五年级就这么个身高,初中就没怎么长。我第一次注意她,是高一看到班级情况调查表中她对高中三年的期望时:很多同学在这一栏中写的都是自己的学习目标,或者要考上什么样的大学,而莉莉最大的愿望就是高中三年能长到一米六以上。

高中上了一半了,看看莉莉的成绩,数学相对其他各科稍微好一点,其他都一般,没有什么优势学科,也没有很差的,每次考试在班里的名次往往是因为有同学不参加考试才发生变化。因此,也怪不得家长着急,嫌她在家里做这个"耽误时间"。上次家长会上,莉莉妈妈对我说:"孙老师,真不好意思,孩子每次都考得不好,可怎么办呢?上次您说要多给孩子鼓励,让她建立自信,可是每次就只考这个分数,我和她爸爸真不知道该怎么做好了。"

回到办公室,我看到一份准备迎接一所外国学校进行交流活动的通知,突然有了一个好主意。

放学后,我把莉莉叫到了办公室,和她一起来的还有几个与她关系不错的同学。

"莉莉,上午看到你的作品,老师很喜欢,真是你自己做的?"

"嗯。"莉莉点点头。

"这样，有个事情，我觉得你可以试一试。"

"老师您说。"

"下个月，有一个法国的友好学校来咱们这儿访问，有三天的交流活动时间。学校正在征集各班一些好的文化交流活动项目。我觉得你的手工可以作为一个课程向学校申请展示，到时候和国外的同学一起交流，你说好不好？"

"真的？"

"嗯，你要同意，我就帮你跟学校申请。"

莉莉和周围的同学都很兴奋。"同意，同意！"大家异口同声地答应。

"还有，莉莉，今天我才知道你的数学为啥能学得好了？"

"啊？"

"因为你的动手能力很强，你手工很好，这样大脑中的空间思维会比一般的同学发达，所以你数学成绩就高。"

莉莉笑着点点头，默认了我的观点，别的同学也很"羡慕"地看着她，我接着说："但是你的英语成绩和语文成绩却和你的实际不相符合啊！"

"为啥？"

"你看上午在教室里，谁都不敢说，就你敢，而且句句都说在我心里。这么会表达的人，语言类的功课怎么能成绩低呢？一定是因为你考试的时候有些紧张或者身体不适，不相信自己。"

"对对对，老师，您怎么知道的，选择题我检查的时候改了5个错了5个，还不如不检查呢！"

"你看我说对了吧，回去把这几次考试的卷子都找出来，看看有没有共同性的问题。想不清楚的，问问老师。你的表达能力，应该没问题吧？"

"嗯，谢谢老师。"莉莉露出了会心的微笑。

经过我们的努力，莉莉的中国手工课程顺利成为我校的重点活动项目。在法国学生来中国的交流活动中，莉莉大显身手，不但担任了"中国结和中国服饰"的主讲人，还培训了10多个"徒弟"，受到了外国友人和师生的一致称赞。"中国结和中国服饰"也成为我们学校对外交流的一个"保留项目"。

不知道是不是这件事激发起了莉莉的自信心，在当年的学生会竞选中，她当选了校学生会副主席，各科成绩也水涨船高。有次莉莉对别的同学说："怪了，现在考试好像怎么做怎么对，蒙都蒙不错呢！"在一年后的高考中，莉莉如愿以偿地考入财经类高校。现在，已经大学毕业当经理的她常常参加同学聚会，莉莉脸上的笑容也越来越美丽……

（山东省济南第三中学　孙玉玺）

案例反思

自信如金

众所周知，在高中学校里，前10%优等生可以提高班级各个学科优秀率，在各种考试和竞赛中能为学校争光，也是老师教学绩效考核的"硬杠杠"。而后20%的学困生，成绩能否走出困境，也是老师"考核"的重要指标，有的成为老师"转化后进生"工作的师德材料。即便成绩上不来，也能为班级稳定做贡献，而对占50%～70%的中等生呢，老师投入得太少了。

高中的考学压力是不言而喻的，有一句老话叫"抓两头，促中间"，意思是：老师对上游学生和学困生的"关注"让位于中游的学生备感压力，希望用这样的"同龄压力"来促进中等层次的学生在学业上取得进步。我觉得这种做法是一种老师自欺欺人的心理安慰。中间的学生更需要的是老师实实在在的关注。

因为中等生学习成绩不好不坏、安分守己，但他们往往思想不稳定、缺乏主见、从众意识强、自信心不足，还缺少在集体生活中唱"主角"的机会。一部分人目标观念差、安于现状，认为"比上不足，比下有余"，缺乏学习的热情，把注意力转移到了别的地方，对自己没有正确的认知，更少对自己挑战性的改变。

拿着放大镜看优点，优点就会变成特点；拿着显微镜看特长，特长就能变成专长。渴望被重视、被关爱是每个孩子的本性。每一个学生都同样渴望教师的重视与关爱，他们渴望着老师一句鼓励的话语，一个肯定的眼神，一个赞赏的手势。多元智能理论告诉我们，不能用一把尺子来衡量所有的学生。如果不是偶然间发现莉莉的"特长"并加以适当的引导，在很长时间里我也没有找到提升莉莉的好途径和方法。

班主任每天，对每一个中等生给予同样的用心、关注、引导，对他们严格要求，会给其人生注入无限动力，他们就会和优等生一起进步；相反，如果对他们不闻不问，放任自流，他们就会失去机会，退步落后，甚至于滑落到后进生的行列。让我们对中等层次的同学说"小步慢跑，积极期待，把握机会，改变自己"吧。

（山东省济南第三中学　孙玉玺）

[专家视角]
关注"中等生"教育的断层现象

似乎很难对"中等生"这个概念下个定义。有人说中等生，是指在班集体中表现一般，学习中等的学生。也有人说就是比优秀生差点比后进生好点的学生。还有学者把"中等生"分成三种：一种是思想基础好而能力有限，想上进又上不去；一种是甘居中游，既不想"冒尖"，又不愿落后挨批评；一种是思想不稳定，自我控制能力差，情绪忽高忽低。

我想说：中等生就是容易被老师忽略的学生。但是，你不得不承认：他们的人数一般占到班级总人数的50%~70%，他们是班级学生的主体。

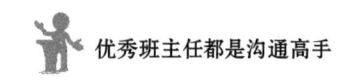

一、中等生为什么会被忽略？

（一）刚开学他们就被忽略了——这和人的记忆特征有关

心理学告诉我们：在众多被登记的信息中，只有受到特别注意或经验中熟悉的事物才能由瞬时记忆转入下一个储存系统——短时记忆。当老师面对一群新生时，谁会受到他的特别关注呢？

有一类学生，第一天就在老师面前表现突出，在课堂上积极举手发言，积极参加各项活动，很快就受到老师的关注和青睐。依据以往的经验，这样的学生很快就被定性为"优等生"。还有另一类学生，在课堂上不能专注学习，喜欢说话，搞小动作，问题多多，也极惹老师关注。依据以往的经验，这样的学生会被定性为"后进生"。老师心里明白：优等生可以为任课老师、班主任乃至学校增添光彩，是要对其另眼看待、寄予厚望的；后进生则会影响班级的及格率和总评成绩，会给任课老师、班主任和学校添麻烦、抹黑，老师要费尽心机、小心提防、加强辅导。有"经验"的老师，往往是在开学的第一天就明确了今后带班的重点关注对象。中等生无人问津。

（二）开学后他们仍被忽略——和教育模式有关

在传统的教育教学活动中，绝大部分老师采取的教育模式是"抓两头，促中间"，对学习好的优等生和学习成绩差、行为习惯差的后进生进行重点教育。"抓两头"这个模式是很到位的，因为谁都知道这两头忽略了哪一头都会有严重的后果。这一头一尾花费了教师大量的精力，根本无法腾出手来关注一下中间，更不要说促进了。何况，在教师内心还有一种自我心理安慰：没事，中间那部分学生虽然成绩不很理想，但至少不会闯祸，不去管也没有关系。

中等生，因为表现平平，既得不到老师的表扬，也挨不着老师的批评；既没人佩服，也没人歧视，在班级中的位置无足轻重，以致产生自卑的感觉，并逐渐自我封闭起来，满足于现状，敏感脆弱。

较多的中等生往往有过某一阶段的努力学习而成绩仍不理想或与父母、教师的期望有差距，这些学生有较强的自尊心和成功的愿望，但也经不起长期失败的打击，因而出现过度焦虑、持续抑郁的心境，表现出长期的情绪低沉、沮丧和缺乏自信。事实证明，中等生心境恶劣的概率和严重程度高于优等生和后进生。相对于后进生，他们有更大的学业、精神压力，更高的自我期望，更多的付出。相对于优等生，他们智力平平，学习基础等各方面能力都逊色不少。因此中等生在学习、生活中更容易产生挫败感，产生无力感，经常陷于自轻自贱的情绪中。

大部分"中等生"起初希望得到教师的关注与肯定。当教师忽视对他们的关注时，他们的学习热情就会逐渐减弱，进而产生不良的、消极的心境，在学习上也就表现得无所谓。而这样的消极心态不仅使他们的学习兴趣减弱，而且学习成绩也就会出现比较明显的下降。更为关键的是这样的消极心态可能会影响他们的一生。

这种消极心态的存在决定了他们的意识：几乎对所有的班集体活动都不冷不热，行为从众。反正老师注意不到自己，他们不做榜样，一般也不会落伍，于是更加难以引起老师的关注。他们因为老师对他们的忽略而变成"隐形人"。

请注意：他们的人数一般占到班级总人数的50%～70%，他们是班级学生的主体。

请注意：他们走上社会，就成为社会的大多数，他们将占到社会的50%～70%，他们是社会的主体。

请注意：他们对待除了自己私利之外的任何事情都是不冷不热，行为从众，趋利避害，可以是先进榜样等正面力量无条件的跟从者，也可能成为落后邪恶势力盲目的顺从者。

他们最大的特征是：事不关己，高高挂起，不热情外露，但也不冷漠绝情。他们只是缺乏主动，需要引领。

（三）在生活中他们继续被忽略——这和评价机制有关

从身心发展看，中等生的问题更具隐蔽性。中等生不像后进生那样冲动直露，也不像优秀生那样经常受到老师的关注，他们的问题多隐藏或压抑在心里，缺少疏导和释放；他们的需求多被轻视和忽略，难以得到尊重和满足，这就使得他们更不愿主动反映自己的现状和需求，他们的问题便更隐蔽，更难以被发现。长此以往，要么隐藏下去，自生自灭；要么突然爆发，带有较强的破坏力和震撼性。

我们的教育评价体系，也是奖励、表扬少数人。从学校的三好学生到社会上的各类英雄人物评选，当他们戴着大红花接过鲜红的奖励证书时，"中等生"们只能是一边热烈鼓掌庆祝"优等生"们的成功，一边很自觉地承认了自己的失败。

二、怎样才能不忽略"中等生"？

被忽略的原因找到了，那么相应的措施是比较明显的——那就是关注并鼓励。中等生内心深处是善良的，只是他们常年缺乏对热情的唤起。我们要做的就是唤起他们内心深处的热情。唤醒的前提则是教师更大的教育热情。中等生的教育考验的是班主任的爱心和耐心。必须改变我们的教育评价机制，采取面向全体学生的发展性评价，让阳光普照每个孩子的心田，让中等生身上被忽略的优秀品质呈现出来。

在第五辑"积极期待的沟通策略"系列案例中，优秀班主任们呈现了一个个与"温暾水"类型学生交流的精彩案例：费佳玉老师看似无意的课间闲聊让师生的心走近了；成士桂老师的"积极期待"策略，在和风细雨的对话中，悄然打开了学生自我封闭的心扉，将理想的和煦春风吹进学生的心田；徐花老师在学生无意的谈话中发现了中等生渴望被关注的心声；孙玉玺老师则从学生的手工作品中发现了中等生身上的优势，以此为切入点，激发和调动了学生的学习积极性和主动性。很多老师采用的"每月风云人物"、"感动班级人物"、"今天我要夸夸谁"，等等，都是极好的做法。而班主任在中等生身上的"别有用心"，往往能够起到意想不到的效果。

这些故事告诉我们，在教师爱的阳光雨露下，中等生这一被遗忘的角落同样会绽放出生命的光彩。

（南京师范大学班主任研究中心　齐学红）

第六辑
把学生当作自己人

有一种心理效应叫作"自己人效应",说的是在对待他人时,不把对方当作管制对象,也不把他当作批评对象,更不把他当作敌人,而是把他当作"自己人"。视他为第二自我,可以使双方心理距离拉近,相互间没有心理压力,没有心理防范,双方达到心理吸引、情感共鸣、一点就通、一语即悟的境界。一些世界著名企业用这样的管理方式和员工交流,取得了巨大成功——员工都成为自己人了,还有什么事办不到呢?

用真心换来真心,用信任换来信任,这就是和学生沟通最大的"技巧"。

案例1：面对这样的孩子，我该怎么办？

三年级的小蔡对学习没什么兴趣，课堂活动常常不合拍。其实，这一阶段的学习内容是相对简单的，但是因为上课不专心，他常常需要被老师拉到身边口传心授才能掌握相关知识。对于他行为习惯的养成，老师也花费了大量时间和精力，但是效果甚微。

小蔡的父母是外地务工人员，来自外省市偏远农村，母亲没有念过书，父亲是初中文化，他们对于孩子的教育缺乏正确的见解。当知道孩子学习上的不足时，他们就一味指责孩子学习不努力，反复放大孩子身上注意力不集中、小动作多、作业拖拉等缺点。结果他们批评得越多，孩子越不听话。父亲性格偏激，行为粗鲁，到后来发展成为不管三七二十一，一顿暴打了事。

一到三年级，学习的课程门类多，教材跨度大，出现了作文、数学应用题等需要运用逻辑思维的学习内容了，小蔡的情况就愈加严重起来：贪玩成了他的习性，老师在讲授新知识时，他总是做与学习无关的事情，还经常破坏正常的教学秩序，不管上课下课总是无缘无故地招惹别人，作业拖拉也愈发严重。任课老师谈到这个孩子时都无奈失望地摇头。

针对儿童特有的心理，从一开始我喊他"小蔡"、"蔡蔡"，让他感到亲切。课间我不谈他犯的错误，而是有事没事找他闲聊，慢慢地消除他对我的防御心理。犯错时，我尽量私下找他单独谈话，用各种方法先使他心平气和，然后再晓之以理，动之以情，避免当众对他进行批评训斥，给足他面子，以免将他又推向"敌对面"。

暑假后重返校园，调皮捣蛋的小蔡对于新学期充满新奇，这时找到他的优点很容易。一看到他坐端正了，马上当众表扬，他就坐得更正了。当然，这种状态维持的时间不可能长。"提醒！上课坐得要像蔡××一样……"一听这话，原本又开始坐姿歪斜和听讲走神的他立马又打起了精神……带上了"高帽子"的小蔡第一天基本能坐正听讲。接下来的几天里我注意及时地进行旁敲侧击。这其实是抓住其闪光点进行强化训练，这也是在对小蔡引导过程中我用得最多的一种方法。在这样的坚持下，他的听讲习惯有了明显改观。

小蔡通过自己的努力得到了奖品：一本书。但是书拿到手，很快就有孩子来告状了："自从拿到了那本书，蔡××就不乖了！""看来真的是那本书害了我们小蔡，那本带魔法的书先放我这里试试看，看看小蔡会不会和原来一样棒！"其实就是要没收他的书。我借此来为他设个目标："如果下星期小蔡又变懂事了，那就真是书不好！……让我先看这本书，也许看过了它就没有魔法了，下周一给你时就不会再害你了！"明知道是瞎话，孩子心里却比较乐于接受！

接下来的一个星期，只要我不在，小蔡还是会惹是生非，但在我面前他就表现得十分乖巧。到了还书的日子，我故意提前来到了教室，并向小蔡挥挥手里的书，示意课上是要还给他的。但是说到这事时，大家却开始抗议，纷纷说他不乖。"其实，我觉得小蔡很努力了，但是这本书我还没看完，差不多下个星期才能看完！……"我那么一说，尴尬的小蔡表情缓和了很多，因为有台阶可下了。我再私下里和他说："老师认为你乖，但有人不这么想，要是把书还给你，人家会不服气的，下个星期你要努力啊！"他不是个笨小孩，自然知道该怎么做。

并不是每个家长都理解老师，懂得如何积极配合老师。小蔡的家长就是这样的，而且很难沟通。有一次，小蔡对爸爸说自己作业写错了，被老师撕了本子，要买一本重做。小蔡爸爸一听就火冒三丈。他不管三七二十一就怒气冲冲地冲进教室指责老师。面对老师的解释，他没有耐心听，直接就将矛头指向老师，老师被气得说不出话来。我听说后赶紧过去笑眯眯打圆场："小蔡，你写错了一页老师就把你整个本子都撕掉了？""不是的！"小蔡低声回答。可能是我温和的态度让小蔡爸爸冲动的心情平和了不少，转头和我这个"局外人"说话时态度缓和了很多，我耐心地听他抱怨，然后冲着他笑笑，继而把头转向小蔡："那是写错了一张,老师就撕了那一张?"小蔡就更支支吾吾了……看着我温和的态度,小蔡爸爸的情绪慢慢地稳定下来了……

渐渐地,小蔡进步了。

(江苏省昆山市西塘小学　戴雪梅)

案例反思

学困生的行为习惯养成教育

中年级(三、四年级)的孩子正处在从形象思维向逻辑思维发展的开始阶段,但是这个时期学习任务与低年级比加重了,教师的教育教学方式也有别于低年级,班级中往往会出现两极分化现象,学困生呈明显增加趋势。如不加以有效引导,这部分学生极易出现心理素质问题和行为习惯上的偏差。

一、认真分析,客观认识

中年级阶段儿童的发展呈"马鞍形"。这个时期是他们从幼儿向童年过渡的转型期,认知过程和心理活动都在发展,明显带有过渡性与质变性的特点。

低年级所学知识简单且内容较少,即使课堂上没有全神贯注听讲,通过课后拾遗补缺还来得及学会,考试成绩一般也不会特别差。但部分并没有养成良好学习习惯和心理品质的学生,到了中年级问题就逐渐暴露出来了。教师一定要平等地对待班内每个学生,摒弃"学困生难以救药"的想法,对他们加倍关心,呵护他们顺利地渡过这一关键时期。

其实，这个年龄段的孩子已经有了一定的独立性和自尊心，自我意识也开始增强了。由于学习成绩差，表现不好，小蔡经常成为老师批评、同学嘲笑的对象，大家大都不愿和他亲近。于是，小蔡常常无缘无故地招惹别人，想借此引起别人的关注，但是后果却适得其反。渐渐地，小蔡开始自暴自弃，觉得自己一切都不如别人。加上爸爸、妈妈又不和他进行有效交流，简单粗暴的教育方式使小蔡更加缺乏正确的自我认知，无法树立正确的是非观念，对于同学、老师善意的提醒他心中反感，甚至还有逆反心理。

面对这样的状况，我若不及时教育或者使用方法不得当，小蔡的行为不仅会影响到整个班集体，使班风不正，纪律涣散，还会影响正常的教育教学工作。同时，对他个人而言，若听之任之，他在学习压力和周围舆论的压制下，行为会愈加乖张，学习也将越来越吃力。恶性循环一旦形成就会难以挽回，甚至影响他一生的身心健康和发展，给学校、家庭、社会带来严重的不良后果。

二、关注细节，持之以恒

三年级开始，我当了班主任，出于对小蔡的了解，我把他列为重点帮助对象。

"教育无大事，细节决定成败。"我必须在日常生活和学习中从细微处入手，抓住他的心理及时开展教育。

要处理像小蔡这样的学困生问题，教师必须抓住他们的心理，要密切关注他们的细微表现，及时掌握他们的思想动向和需要，当问题出现时进行施教补救。要适度，要耐心，切忌操之过急。

开学不久，班级要选举班长。每个人的机会都是均等的，几个自信的孩子站起来，小蔡居然也在其中！最近阶段他的状态确实很好，但是离当班长的条件实在是差太远了。不能打击他的积极性，尤其是在这样的情形下。于是，我宣布实行轮流班长制，表现不好再取消值日班长的资格。

有了当班长这一目标，小蔡努力地维持良好状态，但几天后又有所松懈。同学来提出意见，我特地悄悄去提醒他。数次之后，我给他台阶让他自觉地撤出了竞选班长。

在这个过程中，小蔡感受到只要自己认真努力，是能够得到老师的关注和同学的肯定的。他也慢慢形成了自我尊重的意识，大家对他的看法也在慢慢发生改变：小蔡只是学习成绩略差而已，其他的与别的同学并没有什么两样。

三、适度宽容，讲究方法

每个成员都必须严格遵守班级管理制度，但中年级学生因为年龄特点有时还不能很好地控制自己的行为，像小蔡这样的学困生更是如此。如果一味地肯定、鼓励，时间长了他还是不能正确地认识自己，苦口婆心的说教和传统的惩戒教育又很难达到理想效果，只有将适度赏识和必要惩罚结合起来，才能在不伤害其自尊的前提下促使他逐步树立正确的是非观念。

学困生良好行为习惯的培养往往是一个曲折的过程。如何有效引导他们改掉坏习惯，教师需要以宽容的胸怀、采用针对性的方式方法开展教育。

"冰冻三尺，非一日之寒。"小蔡自制力差，违纪是经常的事情，在平时要多关注，揣摩他行为表象下的心理。多了体会，就多了理解。然后再耐下性子，让孩子从主观上认识错误，自觉去避免类似事情的发生。

四、形成合力，有效引导

成了学困生，是自身、学校、家庭等各方面因素的影响使然。他们是个特殊群体，有着不同的性格和心理。我们都知道，学困生在各科学习过程中会制造出各种各样的问题，教育、引导他们时，班主任必须经常和任课老师做沟通，就各自在工作中发现的有关学困生的成绩、性格、道德品质等多方面细节问题进行交流，以及时了解他们的思想波动情况，以便有针对性地采取措施。除此以外，班主任还要充分调动家庭教育力量，适时与家长取得联系，引导家长采取正确的方式方法，配合开展教育。

鉴于家长的情况，我和任课老师商量着在小蔡犯错的时候不要再采用直接告状的做法，以避免家长采取极端化的教育。遇事需要解释沟通时，先肯定孩子的优点与进步，再适当淡化其缺点和错误，使其易于接受，然后再提出该注意的教育方式和方法。平时经常利用"家校路路通"将孩子身上的闪光点或点滴进步告诉家长。另外，需要家长配合的地方提出具体要求，比如："孩子最近行为习惯有所进步，请家长给予适当的口头表扬。谢谢您的配合。"

时间一长，家长感到老师对孩子的关心和重视后，也就能够做到心理相容，共同教育孩子了。

努力协调好与家长关系后，在教育过程中大家同心协力，用爱心、耐心、细心关注小蔡的行为和心理，行之有效地开展教育引导，慢慢地，小蔡逐渐适应了中年级的学习，顺利渡过了这一关键期。

（江苏省昆山市西塘小学　戴雪梅）

案例2：我和"小刺猬"乐乐的故事

这学期我调到了七里甸中心小学工作，担任四年级三班的班主任。还没有接手，便得知这个班有个比较特殊的孩子。这个孩子软硬不吃，曾经还有极端的表现——搬饮水机砸人；他爱招惹同学、欺负同学，不能吃亏，报复心理很强，说急了还要准备跳楼等，是个名副其实的"小刺猬"。我听了感到不可思议。这究竟是个怎样的孩子呢？我非常期待在开学报到的那天，见见这个"小刺猬"。

开学报到的第一天，我一大早就来到教室，一切准备工作就绪，开始接待陆续来报到的孩子和家长。

"乐乐！乐乐！"忽然，孩子们大声叫了起来，我的注意力立刻集中到一个胖乎乎的小男孩身上。看他傻乎乎地笑着，一点儿也看不出是个顽劣的孩子。我和孩子们交代了常规，就去办公室拿文明宣传册了。刚回到教室就有学生报告乐乐用大头针戳人了，我把乐乐叫到室外长廊，问他："你为什么用大头针戳人？"他毫无表情地回答："无可奉告！"说完转身进了教室。我待在原地，深深吸了一口气，想不到开学第一天，他的刺就把我扎了。从教这么多年，还真没有见过这样的孩子。

等他情绪稍微好点儿后，我来到他身旁，轻声问他："你知道到学校来干吗的吗？"他毫不犹豫地说："学习！""对呀！但你指的学习仅仅是学习课本知识，其实学习做人是最重要的。"我语重心长地说。他满不在乎地说："我妈妈说了，只要学习好，其他都不重要！"看来这孩子的家庭教育是有问题的。之后，我就把这个问题放在全班讨论。大家的结论是：如果做人不成功，在社会上就会无立身之地。可看看乐乐的表情，他依然是一副无所谓的样子。

在下午的开学典礼彩排中，他给了我一个下马威。看他走得很不规矩，原本想睁只眼闭只眼，后来实在忍无可忍，就拉他站到我身后，叫他跟着我走。这下惹毛了他，他转身就飞奔出去了。我怕他在校园里到处转悠，就回头找他，可一眨眼的工夫人就不见了。我知道他一定躲进了转弯处的男厕，就请男同事进去找他。他从厕所出来后边走边说想跳楼，我大吃一惊，把他暂且交给了学校领导，先去安排我们班的学生去了。放学后，校长把他带到我面前，他居然对着我诚恳地说："老师，对不起，我错了。"

这是多么大的变化呀！原来，今天学校来了位德高望重的心理学专家赵老师，赵老师单独和他交流了几分钟，这孩子就变化如此之大！看来我们教师要去研究、揣摩每个学生的心理，特别是特殊孩子的心理，工作时才能取得事半功倍的效果。

有一天用餐过后，在我的指导下，乐乐不仅把自己的桌子抹干净了，还主动帮值日生扫地。当看到别的同学桌子上有米粒后，他又主动拿来抹布，把那个同学的桌子抹干净。我在班上好好地表扬了他，只见他的脸上满是笑容，还不好意思地低下了头。原来不愿意和他玩的同学都围着他，和他一起玩了。乐乐这一天都乐呵呵的。看来，只要我随时观察，将特别顽劣的孩子的优点挖掘出来，就有利于孩子自信心的培养，使其尽快融入集体。

一次课间操结束，领导要班主任开个短会。会结束后我刚回到教室就有同事来说，刚才乐乐和一个小朋友打架，打得很凶。我过去一看，乐乐的桌子被推翻在地，习字册被撕破了，手臂也被抓伤了……我又急又气又心疼。找他谈话，原来是乐乐在那个孩子面前说了校园流行的顺口溜，大概是哪句话刺到了那个孩子，那个孩子就打了他，他也不肯吃亏，两个人就你一拳我一脚地打了起来。我又找了那个孩子了解情况，确实如此。我分别指出了他们各自的错误，他们觉得我很公正，就心服口服地互相道了歉。

在与"小刺猬"乐乐的相处中，我越来越意识到，对待逆反心理较重的学生，更需要发自内心去爱他们。也许是轻描淡写的一句鼓励，也许是一个温暖的爱抚、一个深情的眼神，也许是看似不着边际的嘘寒问暖，也许是给他讲一个感人肺腑的故事，也许是一个不露痕迹的暗示……这些，都会给学生留下记忆，都会激荡起学生心中的涟漪。实践证明，只有用"心"去教育学生，洞察孩子的心灵，了解他们的真实想法，才能把学生教育好。

（江苏省镇江市润州区南徐小学　刘兴平）

案例点评

"拔毛"还是"捋毛"

其实，每个老师都遇到过这样的孩子——自觉性差，不听教导，随心所欲，遇到问题不服气，自我保护意识强，等等。这些具有逆反心理的学生，是老师们的一块心病。让我们透过表面看本质，客观分析，尝试着从以下三方面来改变他们。

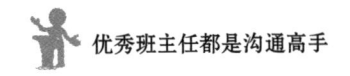

一、避其锋芒

大家一定都见过刺猬,当它受到攻击的时候会竖起满身的刺来保护自己。其实,孩子也是如此。越是叛逆的孩子,越是说明他不自信,当遇到问题的时候,只有靠刺伤别人来保全自己。有些学生因为学习各方面都不如大家,经常受到老师的批评,自我感觉低人一等。当同学对他有意见时,他的第一反应就是你也来欺负我;当老师指责他的时候,他会认为是老师偏袒成绩好的同学,并产生抵触情绪。

孩子的内心是最单纯、直接的。所谓的逆反只是他潜在的一种自我保护,外界施加给他压力,他自然会产生一种反作用力。遇到学生逆反冲动发生争执时,要先仔细倾听孩子的想法,不要正面否定,不用急着判断对错是非。然后再委婉地给出你的看法或建议,让孩子思考该怎么办。常言道:"事缓则圆。"过了那个时机就会自然熄火,就能避开尖锐的吵架冲突。遇到学生逆反、无事赌气时,我们可以尽量在不引起其他同学注意的情况下低调冷处理,切不可把小问题变成焦点。有时也可以暂时有意识地忽略他的各种怪异行为。没人理睬他,他也就会因感觉无趣而消停。事后再找个机会,指出该生哪些行为是不妥当的,以后要加以注意。

面对学生,我们需要做到的是放下自己的权威意识,不能以为自己是老师,就可以随便当众责骂学生,遇到逆反的学生硬碰硬的后果往往就是两败俱伤。避其锋芒,比当场压制能更好地解决问题。

二、解开心结

心病还需心药医。当孩子有了逆反的苗头时,他一定是经历了一些挫折,从而把内心的委屈、不满汇集于一点发泄出来。这时,他最需要的是一次诚恳的交谈,以解开心结。首先,老师应该明确地告诉他逆反是一种消极的情绪状态,会给他带来很恶劣的影响,他要克制这样的现象发生。其次,从细处着手,分析他的行为并给予明确指导。通常,体现在学习上的叛逆,有不爱学习、不自信等一系列消极心理状态;行为上的叛逆,有不听话、爱顶撞等。对于学习上的困难，老师要给他创设一个良好的学习氛围，因材施教，及时帮助，克服其破罐子破摔的心理。对于行为上的嚣张，则要让他懂得学会尊重、友爱、宽容、谦让等，力争做一个受大家欢迎的人。

"深入了解，化难为易。"交谈前要多了解学生的个性、脾气。交谈时用心思考，多揣摩学生的心理变化。学会换位思考，找准切入点，以情入理，既帮助学生排解怨气，又解决困难。要通过谈心走进学生心里，与学生建立亦师亦友的感情。当学生能感受到你爱的真切、用心良苦时，那么逆反好转，曙光就在前面了。

三、静等花开

"冰冻三尺非一日之寒"，融冰三尺也非一日可成，每个孩子都有自己独特的优点和缺点，我们可以利用他们身上的亮点来做文章。就算学习和行为上的后进生，也一定会有某方面的长处，教师可以以此为切入点来激励他们改变逆反性格。教师在平时的教育、教学中要善于观察，抓住机会，以点带面促使这类学生收敛行为上的叛逆，把精力放在学习上。特别是对他的爱好、兴趣，不仅要鼓励、支持，充分肯定他的付出，甚至可以适当夸大他的成绩。要淡化他行为上不合理的地方，指出他身上存在的逆反问题，提出今后努力改变的方向。教育是一种慢的艺术。慢，需要细致、耐心，需要留足等待的空间、时间。不去奢求立竿见影，而是允许在反复中慢慢前进。要给学生的心灵洒下阳光、雨露，播下种子，静等花开。

遭遇逆反心理较强的学生，该怎么办？拔毛还是捋毛？前者必然伤及皮肉，疼痛流血；后者却是温和、舒服，能归顺人心。教育需要付出爱心，以情动人，以理服人，要引导孩子去其劣性，改变自我，积极向上。教育需要静等花开。当孩子感受到你的温暖，逐渐开启自己的心门时，再配以合适的方法指导，相信被"捋顺毛"的孩子将会越来越懂事、自觉。

（江苏省昆山市西塘小学　徐　花）

案例3：格格不入的雯

一年级下半学期班上转来了一个女生——雯。

刚开始上课时并没有多留意她，感觉是个很清秀、文静的女孩。真正注意到她是在翻开了她以前的作业本时——那是一本怎样的补充习题集啊，满页的题目，那么多触目惊心的大叉，看着格外刺眼。字迹马虎潦草，擦痕深深浅浅，等级基本都是"良"、"及格"之类。直觉告诉我这个孩子会很麻烦。

果然，第一天的练习她就给我颜色看了。随意的书写、成堆的错题，印证了我的担心。我有点无从下手，或许是因为自己历来比较"苛刻"。凡是我任教带起的孩子都手把手教他们写好每个数字，每行格式严格要求，由不得半点潦草。学生的错题都用一个小符号给予提醒、改正，版面保持一致整洁。可眼前的本子没一处令人满意的，怎么办？

我迟疑着，忍不住质问："这就是你交的作业？"

她不语，连头都不抬，闷半天怯怯地瞄了我一眼，然后就在那不断地扯衣角。

"好吧，你既然进了我的班，就要严格学习了。今天开始，我们重新学写每个数字娃娃。"我先拿出班上优秀学生的作业本给她看，告诉她应该写成这样才行。第一天，我们就从手把手教写数字开始。

课后很是纳闷，我很好奇雯的来由。通常，学校对插班生的要求比较高，没有过硬的成绩是进不了校门的。我与家长交流后才知道，原来雯是地地道道的昆山人，父母关系一直很紧张，幼儿时跟随妈妈一人去另一个城市生活，请别人的阿婆帮带，缺少被人关爱的她从小就性格内向。自从上学后从不说学校里的事，变得更加自闭。现在转回本地读书，作为学区生学校接收了她。对于这样一个家庭温暖、学习氛围都欠缺的孩子，我纠结、郁闷到极点。静下心来，我思索着如何让她走出自闭，跟上大家。

可是雯在班上是那么格格不入，极少说话，连走路都是轻手轻脚的，看着周围的同学玩耍，嘴角偶尔会微微泛起一个浅浅的笑。上课时雯会坐得很端正，于是，我就夸"你们看雯坐得多端正"。但让她站起来回答问题却往往一问三不知。时间久了，大家看她的眼神就不对了，看来这招不合适。几天后，她的书写略微端正点了，可跟班上其他学生比还是有差距。我不知道她的小脑袋里整天在想啥，课堂效率差得很，作业的错误率一直降不下来。

有一次正上着课，令人难堪的一幕发生了，旁边一男生尖叫："老师，她尿尿了！"我一看，雯的脚下一滩水迹。学生们哄笑起来，雯整个人都在发抖，憋红了脸恨不得钻桌子底下去。这时候的她犹如寒风中摇晃的露珠，微微颤颤，随时都会落地摔得粉碎。

这件事之后，雯经常尿急。有时候才上课就要上厕所，有时候做着作业就急得直跺脚。思前想后，我觉得她以前就是因为不断地被人嘲笑，所以见谁都自卑，感觉抬不起头，后来就慢慢自闭不肯跟人交流了。

下午的活动课上，我让小班长邀请她一起跳绳。看她渐入状态，我自己也上去跳了几个。不过，我实在笨拙得很，没几下就累得气喘吁吁。这回我自己的窘样倒是把雯吸引住了，我见机行事，边跳边吆喝："来吧，跟老师一起跳！"她一开始迟疑着，看见小班长先跳进来了，她终于也加入了行列。我累瘫了，倒在草地上，放柔了声音说："雯，老师能猜到你的心里装着什么。"她一阵慌乱，终于吐出自己的心声："谁都不喜欢我，一上课我就紧张、害怕。"看到她委屈地流泪，我的眼眶忽然酸涩起来，心里涌起一股莫名的疼惜。本是无忧童年，造成这样的结果是谁的错？父母不合对孩子缺少关爱，阿婆暴躁没有耐心，同学童言无忌只会胡闹耻笑……搂着孩子的肩，轻轻拍了几下，我肯定地说："老师喜欢你啊！以后我帮你一起努力！记得哦！拉钩上吊，一百年不变。"

在接下来的日子里，我跟带班的老师商量，帮她特意调换了个后面靠门的座位，给予她特殊照顾。达成约定，上课时一有情况彼此一个眼神的示意，她就可以悄悄去上厕所，这样的默契解除了雯的尴尬，避免在课堂上再次陷入窘境。渐渐地，雯上课的时候神情不再紧绷，能专心听课，跟上每个老师的讲解节奏了。

最欣慰的是，经过多次面谈沟通，雯的父母认识到了问题的严重性，对自己给孩子造成的伤害很是内疚，他们开始关注雯的健康和学习，让她体验到家的温暖和关爱。一段时间后，雯在不知不觉中蜕变，从不说话到肯举手发言，从游离发呆到专心听讲，从满页的错题到答题正确率提升。文静的她正努力走出自闭，缓缓打开自己的心门。

学期末，雯已经在同学中结交了几个好朋友，在她们嬉戏时，我第一次听到了她清脆的笑声。

（江苏省昆山市西塘小学　徐　花）

案例反思 AN LI FAN SI

关注每一个学生

教育的真谛在于关注每一个学生。那些心理有问题的学生，他们比普通的孩子需要更多的关爱。不管问题有多大、有多复杂，不放弃，就会有希望。只要你用心去观察，去思考，就会找到一种教育孩子的好方法。每一个孩子都有一把打开他心灵的钥匙。

多年的经验告诉我，雯是一个典型的自闭的孩子，在心理健康方面出现了棘手的问题。原因大体有以下几个。第一，父母闹离婚，长期分居，使孩子缺乏亲情的关爱。她没有像别的孩子那样承欢膝下、备受宠爱，而是小小年纪就承受大人的冷落，变得不愿和别人交流，养成了喜欢一个人呆着的性格。第二，雯有生理疾病，常常控制不住尿，这让她受尽委屈。因为害怕被打骂、嘲笑，只能忍着。第三，在学校里，同学的取笑、歧视让雯的自尊心再受打击，变得愈发自卑、封闭。长期处于这种恶性循环中，孩子的各种能力都慢慢变得迟钝。因此，无论是在心态上还是学业上，雯的情况都很不乐观。

整理思绪，忽然茅塞顿开。这难道不是目前问题的症结所在吗？找到了原因，找准切入口就想办法试一试吧。一方面家校结合，希望家长不因大人的感情而忽略了孩子的成长，身体上的问题要及时治疗。另一方面找机会倾听她的心声，共商良策。结果收到了良好的效果。

（江苏省昆山市西塘小学　徐　花）

案例4：我的点滴关爱，他仍铭记在心

我接任高三（7）班班主任之初，看到坐在第一排的小周，觉得眼熟。仔细一想，对了，他读初一的时候，我曾经去他们班代过生物课。他好像也认出我来了，笑眯眯地看着我。

一天中午，我到班级里看看，发现只有小周一个人在教室里做作业。通过询问得知，他违反了学校的规定：没去餐厅就餐，而是在校外吃的。原因是校外快餐店里的米饭可以随便吃，不用多花钱他就能吃饱。

我马上意识到他家里有困难（在后来的家访中，我了解到，小周很小时，他的父亲在部队里出车祸过世了，他还有一个弟弟，母亲就在村里开个小卖店维持生计），我关照他一定要在学校食堂吃，我每月会在他的饭卡上打50元作为补贴。他腼腆地对我笑了一下，答应了。

之后，我对小周更加关注。他因为家里穷困，交不起寄宿费，只好走读，但从他家骑自行车到学校需要半个小时。他家房子很小，为了把桌子让给弟弟，小周自己选择在妈妈小店的柜台上做作业、复习。我得知情况后，将自己在学校的宿舍让给他住。这样，他既可以把路上的时间节省了

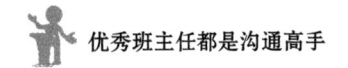

下来，又可以在学校上晚自修。小周依然是腼腆地对我一笑，同意了。

到了高三中期，小周在数学课上已不听课了，而是自己做题。我问了数学老师，原因是全班数学基础较差，数学老师讲的内容已不能满足他的需要，所以对此我没有任何干涉。填报志愿时，小周自己填的第一志愿是东南大学，按他当时模拟考试的成绩看，这个志愿有点儿好高骛远。但纵观小周整个高三的学习状态、他自己的学习方法，以及他历次考试成绩的进步趋势，我尊重了他的选择，觉得他可以冲一冲。高考结束后，小周的高考总分是全校第一，顺利被东南大学机械设计专业录取。

电台记者到学校采访他时，小周把我平时对他的一点一滴关爱都告诉了记者，他说他从来没有当面对我说过一声"谢谢"，因为他在心里暗暗下了决心，一定要用努力学习来报答我。

我这才意识到，班主任在平时对学生的每一点即使是非常微小的关爱，学生都是记在心里的。

关爱结出了硕果，这是师生共同努力的结果。而我去关心他的时候，完全是出自真心，并不求回报。也正因为如此，在收获累累硕果时，我才会感到无比幸福。

（江苏省昆山市第一中学　钟晓龙）

案例点评

解决学生的实际问题就是最真的爱

有一段QQ上的对话，讨论的是关于问题学生的教育转化问题。原汁原味的对话，看似与上面案例不相干，内在思想却是异曲同工，希望对老师们能有所启发。

［秦老师］

往往有这样的学生，个子小，爱搞小动作，经常去招惹别人，同时又容易被别人欺负。被欺负后又受不了，容易冲动，经常是看见什么就抓起什么来反击同学，引得教室里、校园里一片大乱。对这样的学生该怎么管理？该怎么办？

［老板老班］

这个问题得看具体情况。要从源头上找原因，先摸清他的情况和动机，了解他的背景……

［秦老师］

某学生初一年级进校后特别好动，经常去惹别人，容易被别人还击，也经常被人欺负，痛了就哭，到处追打别人。对这样的孩子该怎么办？

［老板老班］

把他请出教室，认真了解情况，和家长沟通一下，先做一点辅助性工作，然后一步一步地引导他走向正确方向。要给他设定明确的规则。

［秦老师］

他是单亲，和父亲一起生活。有个姐姐读初三，姐弟关系不好。小学时经常在外不回家，回家也往往没有吃的或被骂，所以时常是进到家就自己去厨房找吃的。他的家长喜欢喝酒，酒后打骂孩子是常事。

［老板老班］

你可以先给他解决吃饭问题，从这个开始。这是一个具体事情，解决了，可能有利于其他问题的解决。

［秦老师］

现在他父亲给了伙食费，但他不懂得节约，常常是一下子就用光了，然后又听他说有两三天没吃过米饭，估计是吃小吃了。

［老板老班］

由你来控制钱，让他有规律地吃饭。

［秦老师］

哦。他做操认真、劳动认真……

[老板老班]

要肯定他的长处，每个人都有长处。但是，他的长处很难迁移。你先别指望他在某一方面的良好表现会转移到其他方面，要就事论事地一个个解决他的实际问题。对这样的孩子是不能多讲道理的，因为效果很差。

[秦老师]

哦，我还想通过在公众面前表扬他的长处，让他转移到其他方面呢。

[老板老班]

要去解决他的实际问题，比如先解决吃饭问题，解决了之后再去解决下一个。爱学生是要用具体行动诠释的。

[秦老师]

可他的饭卡得由他自己拿着呀。

[老板老班]

你可以帮他拿着，因为他不会计划，当然要征得家长的同意。每次他用钱都要通过你，以便帮他养成管理自己钱的习惯。

这个学生的问题是综合性的。对于综合性问题更需要分类解决，各个击破。不能笼统地教育，在这个过程中可以培养和他的情感，自然而然地生成感情。一个个具体问题解决了，大的局面才会改观。

[秦老师]

是呀，他以前上小学时经常被批评，所以现在要是哪个老师批评他说不到点子上，那他就会反抗，直接跟你顶。

[老板老班]

他的心被你收服了，事情会好办得多，关键在人心。笼统地说爱学生是没有用的。你把他的实际问题解决了，就是最好的爱。

[秦老师]

是的，现在基本上能收了他的心，但有很多行为习惯不能一下子改变，还是不时地反复出现。

[老板老班]

将他的行为习惯分类,从好解决的入手,一个个来,不要奢望一下子全部解决。即使能解决一个,他也将终生受益。

[秦老师]

好的,谢谢陈老师!

[老板老班]

如果他有10个坏习惯,能在你手上改掉哪怕一个,也是功德无量。要学会分类解决问题。试试看,回到开始,从解决吃饭问题入手……

[秦老师]

是的,解决学生的实际问题才是最真的爱!

(江苏省南京市第三高级中学 陈 宇)

案例5:那些惊心动魄的日子

2010年1月18日,星期一。

上午7:00,学生们像往常一样上早自习,做数学周练。半小时后,边上的同学看见坐在第一排的小杰扑在桌上,以为他做好后在休息。

7:40,下课铃声响,小杰边上的同学急匆匆跑到办公室向我报告说,小杰不舒服想要吐。当时我正准备上课,就关照这位同学马上扶小杰到外面,我以为他吐掉就没事了。

10分钟后,又有学生跑来说小杰全身无力,手脚动不了了,我预感情况可能没我想得那么简单,于是拔腿冲进教室。见小杰仍扑在桌上,便俯身问他早上怎么到学校的,来的时候有没有感到身体不适……可是还没等回答完我的话,小杰就身不由己地从座位上滑落下去,瘫倒在地,不省人事了。这下可把我吓坏了，我赶忙叫后座几个块头大一点的男生把他抬到教室外面，然后赶紧打电话联系车子准备送他到附近的医院。

在前往医院的途中，我第一时间与家长取得联系，通知他们迅速赶往市中医院急救室。

8:05，医生开始紧张抢救……

9:00，在查不出病因的情况下，医生决定将小杰送往苏州大学附属第一医院。

9:19，120急救车载着迷迷糊糊、浑身动弹不得的孩子驶出中医院大门，40分钟后，送到苏州大学附属第一医院的急救室。在做了包括脑部CT扫描、核磁共振等各种各样的检查后，医生认为情况十分危急，决定将其送往重症监护病房，并给家长下了病危通知书。

下午2:00过后，小杰被送往重症监护室。

从上午7:00到下午2:00，从学校到医院，从昆山市中医院的急救室到苏州大学附属第一医院的ICU病房，我目睹我的学生，一个可爱的男孩，活蹦乱跳地进教室又莫名其妙地猝然倒地。这惊心动魄的7小时，作为班主任的我一直守候在他身边，寸步不离。我和他的父母都满含热泪急切呼唤他的名字，试图把这个昏迷中的孩子唤醒……

可是，整整一个星期，这个可怜的孩子仍浑身插满管子一动不动地躺在重症监护室里，医生也查不出病因，更不知如何救治他。病房外，心急如焚的家长，一刻不敢离开半步，巨额的医疗费让这个本不富裕的自江西来昆山打工的家庭陷入极大的困境……

我是个软弱无用的人。眼见自己的学生命悬一线，他的父母哭干了泪却又无计可施。我不敢抬眼看第一排空着的那个座位，我不敢叫那个熟悉的名字，我不能接受这样残酷的现实。这种痛苦的煎熬让我觉得这一个星期简直就像一个世纪那样漫长……

我的学生后来告诉我，那几天我上课时声音低沉得令人发怵，声调哽咽得让人颤抖，脸色阴郁得令人恐怖。他们哪里知道，在我这个班主任心里，所有的学生早已经成了我自己的孩子，眼看着自己的孩子迟迟不能醒来，我的心就像被剜肉一样剧痛。

因为不能天天跑去苏州看望，我只得不时给家长打电话。我是多么盼望他的爸爸妈妈欣喜地告诉我："徐杰有意识了，他很快就能醒转过来了。"啊！我们所有的老师和同学都盼望得到这样的好消息。

终于有一天，小杰爸爸打来电话告诉我，经专家反复会诊确认，孩子得的是急性脊髓炎，但病发突然，病情严重，仍需隔离救治。至此，我的一颗被紧紧揪着的心总算稍稍放轻松了一些。

接下来的日子里，我一边忙着起草捐款倡议书，组织学生们为自己的同窗好友捐款，一边帮助家长联系《昆山日报》等媒体，以寻求更大范围的救助，同时我还动用了各种关系，帮助家长寻找一种叫做"丙种球蛋白"的特效药。

这是一场生与死的较量，在这个漫长而艰辛的救治过程中，我多次带领我们的任课老师和学生代表前往探视。隔着一道厚厚的墙壁，我们只能从闭路电视中看到彼此，但我相信老师热忱的激励、同学真情的鼓劲一定会帮助这个倔强的孩子挣脱死神的魔掌。

快过春节的时候，小杰终于转到普通病房，这意味着他已经从死亡的边缘挺了过来。我的内心欢喜不已。

我的孩子活过来了！

（江苏省昆山市葛江中学　朱凤仙）

案例反思

唯有把学生当成亲人，才会有真正的幸福感

作为班主任，我关心每一个学生的健康成长，却从没有过如此牵肠挂

肚的感觉，更从没有为一个学生流过这么多的泪。我觉得，茫茫人海，自从和我的学生们相识，从他们亲切地叫我一声"老师"的那一刻起，我和他们就结下了此生都难解的师生之缘。

作为人师，我对他们自然而然就多了一份不可推卸的责任。我有责任教他们如何学习文化知识，更有责任教他们懂得如何做人，我希望他们都能健健康康、快快乐乐地成长。我就像一个视花草树木如性命的园丁般细心地观察、呵护着我的学生，我为他们取得的点滴进步而高兴，也为他们有意无意所犯的错误而愠怒。我鼓励他们要永怀对生活的热情，我教育他们无论遇到什么困难都要努力寻求正确的解决之道，绝不轻言放弃。我努力成为他们的良师益友，并欢迎他们以短信、邮件、QQ、书信、纸条等任何一种他们愿意的方式跟我说说悄悄话、心里话。我郑重承诺，在尽我所能帮助他们一起寻找解决问题的方法、途径的同时，一定会严格遵守我们之间的保密协定，充分尊重他们，对他们不愿意公开的事绝不会在公共场合谈论。这样一来，学生的烦恼有了宣泄的渠道，学生的心事有了倾诉的对象，学生的困难有了解决的方法，心结一旦打开，人也就阳光了、可爱了，师生关系也就和谐了、融洽了。

有人说，爱自己的孩子是人，爱别人的孩子是神。我不是神，可对于我的学生却从不吝惜我的关心与爱护：进步时由衷地赞扬，退缩时送上一个鼓励的眼神，犯错时一起深刻地反省……

我相信只要我是真诚的，我的良苦用心学生一定能懂，而我也不能负了他们对我的信任、依赖和尊敬。

社会对我们老师的要求越来越高。在与学生交流与家长接触中，我代表的就是教师这个特定群体，我的形象就是老师的形象，我的言行举止必须对得起"为人师表"这四个字，为此，我小心翼翼、不遗余力。

回顾我的班主任生涯，酸甜苦辣咸，五味俱全，忧喜悲乐愁，样样皆有。这么多年来，在班主任的岗位上，我确实为我的学生付出了很多，但同时这些纯真可爱的孩子也教会了我不少，我的工作因他们而变得更有意义，我的人生也因他们而变得丰富多彩。

当我目送一届又一届学生升入理想的学校，开启美好的人生时，当他们在繁忙的学习之余从这个城市的四面八方回来看我时，甚至当他们读了大学、开始工作、成了家、立了业，仍不忘在我生日那天给我发条短信，仍记得在教师节来临之际给我送上一句问候的时候，我觉得做一个班主任真的很幸福。

（江苏省昆山市葛江中学　朱凤仙）

[专家视角] 与学生交流要以心换心

　　平心而论，在每位班主任眼里，都存在着所谓的学困生或问题学生，他们是班级问题层出不穷的原因所在。正是这些所谓"问题学生"或学生问题的普遍存在，迫使很多年轻或已不再年轻的班主任们到理论中、到实践中、到老班主任那里寻找所谓的灵丹妙药。他们的存在，使一些经验不足的班主任望班级而却步，更有甚者，导致自己班主任生涯的终结，他们发誓再也不做班主任，甚至告别了教师岗位。能够坚守在班主任工作岗位，还能乐此不疲地做着快乐而幸福的班主任的，可谓班主任中的佼佼者。一些优秀班主任的实践智慧正是在与各种不同类型的学生打交道，与学生斗智斗勇的过程中产生的。在此意义上，我们可以说，是所谓的"问题学生"成就了优秀班主任。

　　面对这些学生，通常的观念或做法是把他们置于管理的对立面，把他们视为被教育、被改造的对象，而教育的另一面"批评教育"往往是因他们而设立的。将管理者与被管理者置于矛盾对立的两极，致使人与人的关系，班主任与学生的关系变成了敌对式的关系，进而使管理的效果大打折扣，人的积极性、主动性受到极大挫伤。班主任无法走进学生的心灵深处同这样的管理理念和做法是分不开的。而心理学中的"自己人效应"之所以能收到好的效果，可归纳为管理者立场的转变，即在对待他人时，不把对方当作管制对象，也不把他当作批评对象，更不把他当作敌人，而是把他当作"自己人"，视他为第二自我，使双方心理距离拉近，相互间没有心理压力，没有心理防范，以达到心理吸引、情感共鸣、一点就通、一语即悟的境界。将其转化为教育话语，即用真心换来真心，用信任换来信任，这就是和学生沟通最大的"技巧"。

在第六辑"把学生当作自己人"系列案例中，我们看到：

面对"学困生"，戴雪梅老师采用了"寻找优点—强化训练—积极暗示"的教育策略，从细节入手，及时掌握他们的思想动向和实际需要，当问题出现时及时进行施教补救，帮助其养成良好的学习和行为习惯。在培养孩子自尊心和自信心的同时，引导其他同学改变对学困生的歧视现象，这样的细心、耐心令人感佩。戴老师在案例反思中提出的针对学困生行为习惯养成教育的几点做法，如认真分析、客观认识，关注细节、持之以恒，适度宽容、讲究方法，形成合力、有效引导等，对于一线班主任也有一定启发意义。徐花老师在案例点评"'拔毛'还是'捋毛'"中总结的对待逆反学生的做法，如"避其锋芒—低调冷处理；解开心结—换位思考，以情入理；静等花开—耐心等待"，同样收到了良好效果。

在《格格不入的雯》案例故事中，徐花老师可谓"细微处见精神"，先从手把手教学生把数字写好入手，进而发现雯在课堂上尿急的难言之隐、尴尬之处及其原因所在，设身处地地为学生着想，通过座位安排，给予雯以实际的帮助。老师在学生困难处施以援手，胜过无数的说服教育。它告诉我们，班主任对学生的爱就是给予具体的帮助。

钟晓龙老师则从解决学生的生活困难出发，帮助学生摆脱困境，进而取得优异的升学成绩。他告诉我们，帮学生解决实际问题就是最真的爱。学生在学习和生活中会遇到许许多多各不相同的问题，而这些问题靠班主任一人之力可能无法解决，但正如案例点评中"老板老班"所说，问题学生的教育转化往往是综合性的，"综合性问题需要分类解决，各个击破。不要奢望一下子全部解决。即使能解决一个，他也将终生受益"。为此，班主任工作需要整体规划，即在战略上藐视，在战术上重视，方能做到有张有弛。

朱凤仙老师更是在自己的学生突发疾病、面临生命危险的紧急时刻，沉着冷静，处变不惊，采取及时的救助措施，动员自己所有的关系，为学生找药、为学生募捐，在危急时刻表现出的责任感，把学生当成自己的孩子，在孩子病危时表现出的那份痛苦、焦灼、煎熬，为我们展现了一位优秀班主任的职业形象。

总之，无论面对怎样的学生，只要我们像案例中的那些班主任那样，把学生当成自己的亲人，当作自己的孩子，用真心换真心，用信任换信任，就一定能够收获作为班主任的那份职业幸福感。

（南京师范大学班主任研究中心　齐学红）

第七辑
与个性十足的学生过招

　　班主任总会碰到一些与众不同的学生：有的自尊心强到极点；有的脾气暴躁又倔强；有的爱钻牛角尖；有的自我封闭，一意孤行……他们比一般学生有"思想"，但这些思想往往又是不成熟、有偏颇的。

　　是硬碰硬强攻，还是疏远、孤立或躲避？这是摆在班主任面前的问题。

🦋 案例1：我被他的"认死理"难住了

初二时，学校安排我从王老师手上接手了班主任工作，王老师继续担任这个班的语文老师。

初三的某一天，有任课老师向我反映，班上小A同学与王老师闹矛盾了，好像还挺厉害的。我是个担任班主任工作只一年多的新手，遇到学生与老班主任闹意见，马上慌了神，该怎么办呢？如果这个孩子和别的任课老师有意见，我可以向老班主任请教解决之道，处理不好实在没法子了甚至可以直接由他帮我搞定。可现在这个僵局使我没了退路，一切只能靠自己想办法。

我不敢贸然去向王老师了解情况。他没和我说这件事自有他的道理，可能他认为只是一件小事，不足以和我这个班主任说，他会妥善处理好；也可能他认为作为这个班级的原班主任，有着几十年班主任经验的长者，向年轻的新班主任说了反而面子上挂不住；也许他根本什么也没想，这种事只不过是在他几十年的教学生涯中偶尔增加了几天闹心的日子而已。

我问了向我反映情况的任课老师，想从中了解更多的原委，但他也讲不出个所以然来，只知道两人有意见而且闹得很僵。我私下里问了班长，她也不清楚起因，只知道两人都很不开心。看来只能询问当事学生了。

利用课余时间，我把小A约到了教室外和他谈心，"顺便"了解一下事情的经过。说真的，当时我倒没把事情想得太复杂，根本没想到这个平时很低调不引人注意的小男孩脾气会这么倔。

一开始和孩子谈得挺好，谈学习谈生活，他都轻松回答，也比较信任我，对我没有设心理防线。当谈到敏感话题时我开门见山："是不是最近和王老师闹矛盾了？是不是惹他不开心了？"他的表情一下子大变，瞪大了眼睛，满脸的怒火似乎瞬间要爆发出来。

看到他怒不可遏的样子，更怕他有什么过激行为，于是改以商量的口吻问他："能否和我说说事情的经过呢?"他没有反应。我继续追问："肯定是王老师哪里做得不好让你生气了?"慢慢地，他开始愤愤地跟我讲，王老师在课上把他的名字拆开来骂他，让他在全班同学面前丢了脸。我一脸愕然。

继续与小A沟通，不断引导他往另一方面想：引导他反思自己有无不对的地方？是不是自己想多了，王老师根本就没有骂人的意思？是不是你哪里做得不对让老师生气了，他才出此下策这样做的？

任凭我怎样启发、引导，对于这头"犟牛"来讲，一切都显得那么苍白无力。他最后给了我一句话："不管怎样，老师都不能骂人。"是啊，"犟牛"一旦抓住了这句话，要说服他改变看法谈何容易？我表示认可他的看法，明确指出王老师的确有做得不妥当的地方。但我相信王老师的举动肯定是有了前因才有后面的不愉快结果，继续开导他作为学生是否该反思自己的不足，继而以男子汉能屈能伸、以中华传统尊师美德为理由，"建议"在两人都有不对时，作为晚辈的他更应主动向王老师认个错，事情也就过去了。如果不好意思我可以陪着一起去。听了这话，小A的表情不再那么可怕，心情稍有好转，但没表态。

通过这次谈话，我基本了解了他们矛盾的起因和整个僵持过程。前些日子，小A的作业不知何故没有完成，王老师批评了他，但小A认为没有完成作业是有充分理由的，非故意而为，不接受王老师的批评，在课堂上顶了王老师。于是，王老师在接下来的语文课上把小A的名字拆开来好好和全班同学一起"分析"了一下。小A明知王老师骂他但在课上不好发作，只能课后背着老师大骂，弄得两人心里都很不开心，见了面也不说话。第一次和小A交流就能够了解这么多信息，而且从他的表情上看出不再那么愤怒了，我以为只要适时再做些工作，这件事就会很快圆满解决。

几天以后，我抽空问小A有没有去向王老师承认错误，他摇了摇头。我追问："是没有勇气还是没有时间或机会，要不老师现在就陪你去?"他还是摇头。"那你承认自己有做得不对的地方吗？既然有错向老师认个错就那么难吗?"他看着我，回答道："我是有错，但我是不会向同样犯有错误的老师认错的,因为他没有资格接受我的道歉。"

我茫然。这孩子真有个性。有个性的孩子在将来的人生道路上是好是歹,我不知道,但我知道这个个性十足的孩子把我难住了,我该怎么办呢?

(江苏省太仓市沙溪第一中学　费佳玉)

案例点评

班主任如何化解师生矛盾

费佳玉老师的案例,写的是一个学生在师生双方发生矛盾时抓住任课老师的一个错误做法不放而"认死理"的事情。虽然费老师的侧重点是落在这个学生个性太强了让他为难,但我还是想把它定位在师生矛盾冲突这个点上来解析,提供一些方法供老师们参考。

大量的师生冲突都是由很小的事端逐步升级导致的,而控制事态发展的主要力量来自老师,无论从师生双方的地位差异还是从教师的职业要求来说,都是如此。

"在学生面前永远保持冷静。"是我送给同行的一句忠告。有了这条工作原则,很多问题都可以得到妥善解决。但有老师提出异议,认为教师也是普通人,也有情绪问题,在绝大多数情况下,都是学生太过无理,表现太不像话,教师忍无可忍才爆发的。

我的回答是,即便如此,教师仍然需要在学生面前保持冷静,给学生做榜样。一个巴掌拍不响,一方冷静能促成对方的平静。有些教师认为应该用真性情去面对学生,喜怒哀乐溢于言表,这样才是真实可信的老师。但是,真情流露和不会控制情绪是两个完全不同的概念。学会很好地调控自己的情绪是班主任的基本职业素养之一。

为什么即使是学生有错,甚至是无礼冒犯,教师依然要保持冷静、克制呢?因为你是教师,是班主任。你不能和学生或家长相提并论,他们是你的工作对象,教育是你的工作而不是他们的。他们可以不懂教育规矩、不懂礼貌、不控制情绪,而你不能。你是专业人士,他们不是。你不控制情绪,难道寄希望于学生或家长安抚你的情绪吗?

这就是教师的角色意识。教师虽然也是普通人,但是,因为所从事的是一项特殊职业,所以就应该是普通人做出不普通的行动。尽管教师也经常遭遇委屈、误解,但是我们必须明确,这是我们的职业特点,我们必须这么做,别无选择。建立这个意识才有助于教师保持心理平衡。

还有部分教师认为,现在的学生碰不得、家长惹不起,教师成了"高危职业",弄不好就会被投诉,而一被投诉吃亏的往往是教师一方。所以,对学生的违纪行为干脆睁一只眼闭一只眼,省得吃力不讨好。对这种说法,我也并不赞同。我认为从教师的职业权威以及与学生年龄、阅历等方面的差距上判断,绝大多数情况下,教师对学生而言依然是值得尊敬的。不能因为一些个案就认为教师已经是弱势群体。正因为如此,教师在化解师生冲突方面,应该占据主动位置。

只要教师把握好"在学生面前保持冷静"这条原则,绝大多数的冲突将会大事化小,小事化了。我们过多地追求了技术上的解决方案,但却忽视了最简单、最有效的原则。

对于任课教师而言,应该是自己的课堂自己负责,除非万不得已,不要把问题扔给班主任解决。一有搞不定的事情就把它推给班主任的任课教师是不受欢迎的。

任课老师没有把问题提交给班主任,那么班主任最好不要主动插手,因为"解铃还须系铃人",如果任课老师能够自己解决和学生的矛盾冲突,那是最好的。这非但不会削减任课老师的威信,反而会让学生更加敬重。

但是,因为各人的能力、水平、个性不同,或者事件已经超出了任课教师能解决的范围,班主任就不得不介入了。在这样的情形下,班主任应该采取什么行动呢?

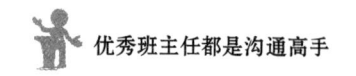

1. 平息事态

无论师生冲突的起因、责任在谁，班主任首先要做的就是以最快的速度介入，平息事态。平息事态的最佳方法就是把双方分开，常见的如把学生带离现场，换一个环境。在分离双方时要注意，先不问对错，不立即呵斥学生，不要带有明显的倾向性，但行动一定要果断坚决，态度要严肃。

2. 稳定情绪

分离冲突双方后，要给双方一些时间，先冷静下来再说。一般情况是，教师继续上课，学生被移至他处。如果教师因冲突拒绝继续上课，则应劝解教师顾全大局，对全班同学负责。如果劝解不成功，则应安排好学生自习，由班委维持课堂纪律。此时，班主任应该密切观察师生双方的情绪和行为，判断是否立即向上级汇报或将学生送至德育处。如果可以控制局面，建议先由自己处理，暂不惊动学校领导层。当然，这要根据当时的事态而定。

把学生带至他处，最好是相对独立的空间，远离人群，如空教室、操场上。班主任不要在学生气头上询问，此时的询问不会有太好的效果。学生失去了攻击对象，可能会把怒气发到班主任头上，这是正常的。可以让学生坐一会儿，冷静下来。学生在激动时往往语无伦次，词不达意。比较妥善的办法是拿出纸笔，让学生写出事情经过。这样既可以了解情况，又可以耗费一些时间，让班主任有机会思考一下对策，也可以让学生激动的情绪得以缓解。

3. 调查了解

班主任可以趁学生写材料时，去班里向其他同学询问事情经过，对此前发生的事情有所了解，必要时也可以让同学写一些书面材料。待学生最初的冲动过去，情绪逐渐稳定后，班主任就可以开始与学生谈话了。此时最好是学生已经写完事情经过，而班主任心中已经大致有数了。

4. 疏通思想

事情经过调查清楚后，班主任可以根据情况和情节做以下处理。

（1）学生全责

①情节严重到已经超出班主任可以处理的权限：应立即向学校汇报，移送校方处理，班主任积极协助。

②情节较轻达不到处分级别：应严肃指出学生的错误，令其写出思想认识，班主任留存。要求犯错学生向任课教师道歉并做出书面检讨，以求教师的谅解。征求老师意见并做一定的调解，争取妥善解决。因为事情发生在课堂，全班同学都有目共睹，所以当事学生应该在全班范围做出检讨以正班风。将学生的违纪行为和处理结果告知家长。

③情节轻微：师生双方已经和解，则可以不通报家长，也不一定在全班面前读检查，但班主任要对其行为在全班进行批评教育。保留所有书面材料。

（2）双方责任

费老师的案例就是这种情况。

①站在学生的角度和学生说话，对学生行为表示一定程度的理解（不是支持）。

②严肃指出学生的问题，要求当事学生就其错误的部分做出检讨，教育学生勇于担当。

③站在任课教师角度说话，解释老师为什么会这样，希望学生理解老师。

④站在班主任角度和学生说话，说明这样的事件给自己和全班带来的困扰，对学生表示这样的事情让班主任很为难。

⑤指导学生以后如何处理类似的问题。

⑥与任课教师沟通，帮学生说话，对任课教师表示将继续加强教育。

⑦做通双方思想工作后，安排教师、学生见面沟通，班主任陪同。提醒学生，为避免继续扩大事态，要克制自己的情绪，无论教师说什么都不要冲动。争取尽快解决问题。

（3）教师主要责任

①对学生表示理解。

②教育当事学生，即使教师有错在先或有责任，也首先要考虑自己的责任。

③安抚学生情绪。

④与任课教师沟通。

⑤向学生转达科任教师的歉意。

⑥与学生共同研究今后如何与这位教师相处。

⑦对全班做出解释，但注意维护任课教师的形象。

⑧如果教师的侵权现象比较严重，可以向上级主管部门汇报。

注意：在做以上所有事情时，希望班主任做一定的记录并保留有关资料。

无论事件如何处理，班主任都要以此为教育资源，教育全班以后面临这样的情况，当事人应该如何应对、周围同学应该采取什么行动、班干部应该如何行动。要在班级里树正气，设置高压线，维护教师的形象。更为关键的是，要让学生知道发生这样的事件对班级造成的负面影响，力争以后杜绝发生类似的事件。

学生个性强不一定是坏事，但是必须以大局为重。

（江苏省南京市第三高级中学　陈　宇）

案例2：这样的你，太有个性了

沐浴着冬日的暖阳，查阅着QQ上的动态，这时"嘟嘟嘟"的QQ信息声传来，我点开对话框，是他——成。成发来一个笑脸，并问："老师，在吗？"我快速回复道："在！"于是就有了下面的对话。

成："老师，我想再到您那儿换几本书看看。"
谢："没问题。你何时来拿？"
成："大后天吧。您有空吗？"
谢："有空的。"
成："那到时联系。谢谢老师！"
…………

一段简洁的对话，让深藏于幕后的回忆拉开了序幕。

瘦高个，略显黝黑的肤色，一副不同于同龄人的沉稳表情，鼻梁上架着副无框眼镜，一头剪得近乎半寸长的头发，这就是成留给我的最初印象，也是初中三年里几乎一成不变的外在形象，除了不断长高的个头！

我教他语文但不是他的班主任。入学接触了一段时间后，发现他是个聪明的男孩子。课堂上认真听课、积极发言，课后作业质量高。看着漂亮的字体，就知道他练过字，而且他还成功地竞选为班长。平日里见到老师话不多，表情甚少，会礼貌地问声"老师好"后匆匆离去。在初一一年中总体表现出了一位优秀男孩子应有的特质：遵守校纪校规，学习成绩优秀，尊敬老师，与同学关系也很融洽，在班中很有号召力。唯一有点与众不同的地方就是有些少年老成。

初二第一学期的圣诞节之际，听说他自行在校外批发了一些小物品带到班中甚至是年级中进行销售，而且还小赚了一笔。这种行为在国外学校，我想应该是习以为常的举动。可是，在国内九年制义务教育的校园里还是甚少出现的现象。他的班主任因此也找他谈了谈，认为这是

"不可思议"的行为。清楚地记得，圣诞节后的一天，他来到办公室问道："老师，你要手套吗？我送你一副！"我爽快地答应："好啊！"后来，他还真给我送来了一副暖暖的羊羔绒手套。我说"谢谢"的时候，他来了句："圣诞节过了，没卖掉，我也不想卖了，就送你吧。"听后，真令人觉得好笑又无语。

升入初三的第一学期开始，我和他的接触因某些事由渐渐多了起来。初三，关键的一年，他也和其他同学一样，那根学习的弦更紧绷了些。但是，少年老成的他，就是爱走不寻常路。

开学后没几天，他就主动找到我说："老师，我想和你商量个事。"我怀着好奇心道："嗯，你说说看呢。"只见他摆出一贯老成的表情，镇定地说道："语文作业我可以不做吗？""啊？"我吃了一惊，没想到他会提出这个问题！我旋即问他缘由，他思路清晰、流畅地说道："初三时间紧张，我要花更多的时间在数理化题目上。我觉得语文作业如抄写词语、文言文翻译之类没什么好做的。"说到此，他停下来认真地看了我一下。我有些错愕，他见状马上又说道："我保证默写质量。如果有错，翻倍订正！"我迅速思索后，试图说服他改变初衷，让他明白脚踏实地的重要性，让他知道语文这门功课的重要性。但是，几个回合的交锋、辩论后，他心意已决，还是坚持己见。无奈，我只好暂且将此事搁下，准备观察一下他接下来的表现，再做定夺。不出所料，他真的不交语文作业了。

我找到他的班主任进行了交流，才知道他原来不止不做语文作业，其他各门功课都有类似的情况，其他老师也已向班主任反映过了。他的班主任是教数学的，她说："我的数学作业，有些他也自行不做了。我和他交流、沟通过了，没用。他爸妈我也找过了，他爸爸本身也是老师，教小学数学的，但父母说了他也不听。"听后，我们都觉得无奈。但是，这次交流时，他的班主任提及一些重要的信息，她说："他平时自己就一直在主动练题，而且同学们反映他晚饭后总是第一个到教室开始做作业，很认真。各门功课的作业，如数理化他是根据自身需要自行选作一些题目，有的不会的，他也会主动询问老师。"听后，我大致明白了他的动向，原来不止我语文遭遇了他不做作业的情况。

这样的他，让我们老师只能静观其变。

后来某天布置写作文（初三第一篇作文），我想他会不会不交呢？没想到的是，他不仅按时上交了，而且写得很认真。讲评后的那天下午，他主动找到了我，开门见山地问："老师，我觉得我的作文有些薄弱，你能指点一下我吗？"我说："当然可以啊。"他接着说道："那你接下来的每周单独给我布置一个作文题，我双休日带回家写，等到周日你晚自习值班的时候给我批一下、讲评一下好吗？"我听到他这么努力要求上进，自然是很开心地答应了。就这样，每周五放学时我会给他出一个命题或半命题作文，他就会很认真地去写，周日晚自习时也是按时交给我，我会及时批好给他。有时，我还会让他重写。他的态度也一直很好，愿意倾听我的一些建议，也会给出自己的疑惑和合理的意见。他是个很有想法的男孩子，有时他会问我："老师，你出的是往年的中考作文题吗？"我对他说有时候是，有时候不是。他就说道："希望老师多给我出一些中考作文题，这样更有针对性。放心，我绝不会去网上抄袭的。还有，能不能找一些写得好的中考作文给我看下？"我自然是应允了。

就这样，持续八周后的一天，他对我说："老师，我的作文训练就到此停止吧，我觉得掌握得差不多了。"之后，我和他又恢复到了之前那种没有什么交流的状态中。他还是一贯的作风，语文作业不交，见面也只是面无表情地道声"老师好"。

最终，中考成绩出来，他不出所料地考上了重点高中。

毕业典礼后，大约三四天后，他从别人那儿问了我的QQ号主动加了我，对话框跳出来的第一段话是："老师，谢谢你在初三的日子里给我作文方面的辅导。毕业了，还没来得及说声谢谢。"随后，我俩就随意轻松地聊了会儿。考完了，他也轻松了，还问我喜欢听谁的歌，看谁的书，等等。我了解到他最爱听的是陈奕迅的歌曲，连QQ头像都是偶像的照片。

升入高中后，他学业繁忙，偶尔也会主动找我简单聊几句。高二的寒假开始,他向我借书看。当我再次见到久违的他时,发现他又成熟了不少。有时,看到他在假期里传到空间里的毛笔字帖子,还真是挺有才的一小子呢。

(江苏省太仓市实验中学 谢 英)

案例点评

老师也需要智慧的"懒惰"

当同龄人还在家长的庇护下要着零花钱时,他却已经开始自己实践赚钱了;当同龄人还在老师和家长的鞭策下被动学习时,他却已经能根据自己的实际情况主动学习了;当同龄人都在老师铺设的道路上循规蹈矩时,他却已经"离经叛道"了。

成同学的"离经叛道"让老师头疼不已,谈话,找家长,老师的十八般武艺齐上场居然也没能改变成的心意和行为。成同学的"自主独立"也让老师们欣喜不已,第一个到教室认真学习的是他,主动询问老师题目的也是他,要求老师增加作文训练量的还是他。

老师们"懒惰"地选择"静观其变",最终见证了少年学业上的成功。

是"离经叛道"还是"自主独立"?也许就在老师的一念之间。好学生与坏学生也许远没有那么大的区别。成同学无疑是极特殊的"那一个",老师们扔掉"顺我者昌,逆我者亡"的观念,用"顺其自然"成就了一个自主独立的学习优良的学生。如果说这是一种懒惰的智慧,在我看来,更需要将其升华为一种智慧的"懒惰"。

当然,我们还是要注意一件事情的,那就是不能仅仅用学业来衡量一个学生。成同学的特立独行中带着一些以自我为中心,总是来通知老师他的决定，而不是和老师商量后达成共识。这样的举动中多少带着一些对老师的不尊重，虽然是无意的，但是他的情商还是需要提高的。如何与人相处，取长补短，这是他亟待提高的地方。

我们很欣慰地看到，案例中成同学毕业后学会了对老师说一声"谢谢"，我们也更期待这个学生的个性中能够增添更多的柔性情感，如学会感恩、学会听取别人的意见、学会团结协作等。

特立独行的学生在老师们的教学生涯中总能碰上几个，如同剑客对决，总有那么几个招式独特的门派，此时若能见招拆招、借力打力，方显高手本色。看似"冷眼漠视"，实则"热心热肠"；看似"无为而治"，实则"悉心呵护"。对个性学生既要给他适合的发展平台，也要抓住时机注意引导。个性既可以是优点，也可能成为致命的弱点。要让学生学会保留个性，同时提高情商，学会尊重规则。这些，也许会成为他一生受用的财富。

（湖北省襄阳市第43中学　赵　丹）

案例3：你是少林武当，我是太极绵掌

半路接班的时候，总会有前任教师和我这个新任班主任说些学生的"名人轶事"，本以为最让人头疼的该是顽劣的男生，想不到却是个眼睛大大的女生。

"我们不去和她烦的，这种女生，惹不起！前任语文老师抓她成绩抓得紧了，她就恨上老师了。有一次上语文课，她不知哪里不开心了，站起来指着语文老师说：'你给我出去！'啊哟，这下两个人闹得不可开交，我们都在办公室里劝，她竟然对我们说了一个字：'滚！'后来她就打出牌子不

做语文作业了。于老师，这个女生，你要当心点的哦。"

我听得有点发愣，赶紧去翻阅刚收上来的开学调查问卷中她的那一张。一栏一栏看下来，挺工整的字，也不是单亲家庭，最后一个问题是："你对接下来的初三生活有何打算？"她的答案与众不同。其他学生都写了好多字，计划呀、打算呀、决心呀，只有她，写了五个字"我会努力的"，连个标点也没有。

也许她真的想努力了，也许她根本就是在敷衍老师。我看过她的成绩，50个学生里她排在倒数第十。有些功课亮了红灯，有些功课刚及格。

好吧，前任教师们的话我当真了。

班会课上完后，我让学生们自习，自己走到教室后门口，冲里面喊了一声："小菲，你来一下。"

我在门外等了一会儿，发现没有动静，只好再探头进去喊了一声。这才看到坐在第三排位置的她慢吞吞起身，板着一张脸很不情愿地向我走来。

你还别说，这一张原本很漂亮的脸被这样一板，还真有点狰狞的味道。

等面对面的时候，我微笑着握了一下她的胳膊，说："你在调查表上写的'我会努力的'五个字我看到了，心里很喜欢，我相信你会成功的，有什么需要我帮忙的只管和我说。喊你出来，没什么其他事，就是和你说这句话。"

她有点发愣，似乎还没有反应过来，我再次对她微笑，温柔地说："没事了，你回去坐吧。"

之后的语文课上，也许是因为我的教学方式比较新颖活泼，大家都听得很认真，她也不例外。有时候我提出有一定难度的问题，看到她眼神里有想表达的意思，就喊她，她还真是伶牙俐齿，说得很到位。我们相视一笑，渐渐地有了默契。

于是，我建议任课老师，想要提问小菲的时候，先观察一下她是听懂了还是疑惑的，千万不要在她疑惑的时候提问她。个性强的学生都特别要面子，要是被提问站起来说不出，她会觉得老师在故意刁难她，负面情绪便会积累起来。老师们照做了，从此大家都相安无事。

我悄悄地关注着她，慢慢地获得了一些信息。

读书时她从来不背书，英语每次默写都是零分，历史也考不及格。

生活中她还真是爱管闲事，说话不招人喜欢，容易和同学闹矛盾。

别人穿了条裙子，她说："屁股大得要死，还穿裙子，也不知道自己像大象了！"

别人穿了条五分或七分裤，她说："这么粗的腿，还露出来，换了我，想死的心都有！"

人家女生当然受不了这样的冷嘲热讽，于是吵起来，哪斗得过她的伶牙俐齿！

好在她们已经相处了两年了，大家都知道她的脾气，和她斗了一会儿，知道斗不过她，也就咬咬牙，在心里骂她去了。

这些初中女生中的"鸡斗百脚蜈蚣"，基本处于自我内化状态，我就算知道也不插手。

三个星期后，我在课堂上布置了篇作文《你的眼神》，她早早地完成了，提前交到我的办公桌上。

想不到她写的竟然就是那一次谈话，她内心的起伏，被她用文字表达了出来。更想不到的是，那次我微笑的眼神竟一直让她念念不忘。

一直记得那个眼神
小　菲

尖尖的下巴，大大的眼睛，总是带着温婉的眼神，这就是我可爱的于老师。

窈窕淑女，人皆爱之。虽然直到现在我认识她的时间不过三个星期，但我也不例外地喜欢上了她，爱上了她那温婉的眼神。

那是开学第一天上课，班会课时放了《开学第一课》的视频后，我们开始自习，她走到教室后门口，喊我单独出来一下。

我心里很不是滋味，想着开学第一天就要挨骂，于是极不情愿地慢慢走出去。

出乎意料的，快到门口时看到了那张温婉的笑脸，顿时一股温柔包围着我，就像母亲在轻轻抚摸我的额头。

我吃了一惊，木讷地走过去，呆呆地看着她，而她却毫不在意地轻笑着握了一下我的手说道："我喜欢你在那张学生情况调查表上说的话'我会努力的'。我也相信你会取得成功的。"

那是一个怎样的眼神啊，包含着深深的信任，浓浓的期望。

倏忽间，一股酸涩涌上鼻尖，我的眼眶里蓄满了泪水，我低着头，不再去看她，我怕我看到那个眼神时泪水会忍不住涌出来。

到了初三了，像我这样的"差生"，老师不是应该放弃了吗？为什么她还会用那么清澈的眼神看着我，用那么纯粹的眼神鼓励我？

她后来说了什么我都没有听到，也不知道自己是怎么走回教室的，直到后面的同学推了我一下，问我老师都说了什么，我才反应过来。我什么也没有对同学说，只是轻轻地笑了一下，看似平静，实则内心汹涌澎湃，对于老师充满了感激。

是的！我要向大家证明小菲也能做小强！

每个深夜，我背书背得直打哈欠，想睡觉时，眼前就会浮现那个眼神，看到它我身上就会充满了力量，让我坚持下去。

我的英语默写不好，没关系，这次默了10分，下次就默15分，总有一天会默通过，甚至100分的。背书背不下来，也没事，这次背了一个小时没背出来，下次就背两个小时，总会有那么一天我会背下来的……

努力了一个星期后，我的学习成绩终于有了起色，英语老师说我的默写有了进步，别的科目也没落下。虽然进步很小，我仍是"差生"，但我仍然很高兴，我这样努力下去一定会成功的，因为我身后有着那个不竭的动力——那个眼神。

这天，我吃过午饭后慢慢往回走。突然，一个急促的身影闯入我的视线。

乌黑如海藻般微卷的头发披在腰间，发梢与风儿追逐嬉戏着，白色的衣裙随风舞动，好似一个天使，给人以柔和高雅的感觉——是她。不知不觉我又想到了那个眼神，那么温婉，那么温暖得让人想哭。

再一看时，那一抹倩影已经急促地消失在拐角处，被树木挡住了，我甚至还来不及向她打招呼。那眼神又出现在脑海里了，似乎在提醒着什么……猛然间我加快了脚步。"别安于现状停滞不前呀。"我对自己说。

齐齐的刘海，大大的眼睛，总是带着温婉的眼神，我可爱的于老师啊，您那温暖的眼神将成为我巨大的精神支柱。

我会一直记住它的。

看了这篇文章，还真是有些吃惊。这个敏感的女孩竟有如此要强的内心，她就像个刺猬，一直以来习惯以刺示人。别人于是也以刺还击，少林对武当，硬碰硬，两败俱伤。我的微笑和善却像太极，以软化硬，还真是卤水点豆腐，一物降一物啊。

我和她的母亲通了电话，了解到她在家里的学习情况确实如她文中所言，不由得感动起来。

提笔，手写，回信。

菲菲：

你介意我喊你小耳朵吗？因为你的姓名中有个耳朵旁。记得小时候，我们喜欢去找豌豆花的小耳朵，谁找到了，对着它说话许愿，据说都能实现。那么，让我对着你的这个小耳朵也许个愿吧："祝愿菲菲做个打不败的小强，祝愿菲菲的一切努力都有收获！"

你知道吗？当我看到你的这篇文章的时候，我的内心无比喜悦。并不是因为你写的是我，也并不是因为你把我写得那么温婉美丽，而是我看到了你不懈的努力。我很感动。

为你，我做得不多，更多的是默默关注你，为你的点滴进步而喜悦。你深夜的努力，你执着的顽强，都让我为有你这样的学生而骄傲。再不要说自己是差生，在我面前站着的，分明是一个好学上进、不骄不傲的优秀女孩。

你的妈妈告诉我说你现在很喜欢语文了，真好！三次作文，你已经让我对你的细腻敏感的性格有所了解，也让我珍惜着你写作的天分，多么希望写作上的优秀能给你带来快乐和自信。每当打开你的作文本，我都有一种期待，因为我知道，你不会敷衍，必定会带给我惊喜，而你也确实做到了，每次都让我感慨着说："她写得多好啊！"于是英语、物理等各科老师都来抢着看了。

菲菲，你在文字中说我像个天使，说来也巧，我的前几届学生都说我是天使，那么，就让我这个天使伴随着可爱的你们，一路前往成功的彼岸。

愿你心情开朗，更多感受到同学、老师对你的热情和期待，愿你的眼中看到更多的美好，用坚强、勇敢、自信迎接一切困难与挑战。

小耳朵，悄悄对你说："我们一起努力吧！"

在这个信息发达的时代，还有谁会用这样亲笔手写的方式表达心意呢？正因为这样，才显得特别珍贵。

她的家住得很远，下午放学的时候若是赶得上学生公交，那么半个多小时就到家了；要是赶不上，可就麻烦了，要换两次公交才可以到家。每次放学的时候，我都会看手表，尽量让她能够赶上学生公交。可是毕竟是初三了，有时候上辅导课的老师稍微拖一会儿课，她也就只能错过学生公交了。每次轮到她做值日生留下来拖地的时候，我总是抢过她手里的拖把："我来吧，你赶快走！"她也总是要和我抢一会儿拖把，直到我吼一声："你烦死了！快走开！"她于是笑眯眯地拎着书包跑出去。我知道，她很享受这一刻师生间的默契。她越发努力了，发电子邮件给我说她要给我惊喜，要给我创造奇迹。大家都说她的变化很大，能静下心来读书了。第一次月考，成绩已经是中游以上了。

也许是有些得意忘形，狐狸尾巴就露出来了。在上午第一节政治课上，柴老师发现她有些走神，稍微提示了她一下，她有些不开心；到第二次又提醒她的时候，她已经很不高兴了。柴老师知道她的脾气冲，课堂上便没有再和她计较，等下课了才把她叫到身边再次提醒她课堂上不要走神。她辩解说自己根本没有走神，明明是在听着的。柴老师便有些生气，觉得她在狡辩，说了她几句，她倒也忍着没吭声，不像从前那样当场和老师顶起来了，柴老师便收拾了东西转身往外走。她也转身往座位上去，以为柴老师走远了，于是大声说了一句："神经病！"柴老师听了个明明白白，气坏了，到我办公室里来反映情况。我安抚了柴老师，让她先回办公室，由我来处理此事。

一个上午我没找小菲谈，语文课上我不动声色。她回避着我的眼神。

到了午自习时，我喊她进了一间空教室。

我还没开口，她就低着头迅速地说道："老师，我错了。"

我有点吃惊，她还真是敏感，知道我想说什么。于是我对她说："错了还不去给柴老师道歉？"

"我不去！"她脸色一变，那狰狞样又来了。

"为什么？"我又吃了一惊。

"从小到大，我没有给人道过歉，从来不说对不起。"她倔强地说。

我一下子沉默了。话说到这份上，有些陷入僵局了。

她先有些沉不住气了："老师，有没有别的方法，我就是不想去道歉。"

她倒是提醒我了。

"有的。你不是擅长写作吗？可以把歉意写在纸上，趁柴老师不在的时候放在她桌上。"

"我这就去写。"她不敢看我，急急想走。

"等等，想对你说句话。"我喊住她，"我不会因为这件事情，就对你有成见的。我们的关系还和以前一样。你别有思想包袱。"

她看了我一眼，走了。

下午柴老师到我办公室里来，叹口气说："唉，我原谅她了。这家伙嘴巴上凶得要死，文字却柔软得要命。看得我心软了，不跟她计较了。"

当天晚上，收到了她的电子邮件。

致 歉 信

轻轻地，轻轻地，它碎了。伴随着你那破碎了满地的心咔嚓作响。

我为什么不能再轻一些呢？

如果我不那么冲动，它就不会碎了。可是没有如果，碎了就是碎了，我把你亲手为我打造的光环打碎了。

你说，碎了是可以修复的，它还能变得完好如初。我却不然，它的表面是如以前一样光滑洁白了，可是它的心却已支离破碎，再也无法修复……

虽看不见，却感受得到。

我不要，我不要！

昔日的光辉与骄傲还历历在目，光环上的红宝石与黄金交相争辉，散发出诱人的光芒，我又怎么舍得放弃！

我决心再造一个更加亮丽的皇冠！

皇冠为谁而造？

为了那些关注、爱护着它的人而造。

皇冠为何而戴？

为了守护者那颗脆弱的心不再受创！

相信我，只需等待，时间会说明一切。

——崇拜你的小耳朵

我的眼睛有些湿润，她实在是太敏感了。不过我承认，她真是看穿了我的心思的。我确实因为这件事情对她有点失望的。

她渐渐学会了控制情绪，我们师生的情感在一次次的文字交流中加深。每次她做值日生的时候，抢拖把成了保留节目，其他晚走的学生有时候也来凑热闹，说："老师，我来帮她拖，你去休息！"于是师生叽叽喳喳闹成一片。

有一次，她和我闲聊，说自己从小有心肌炎，容易烦躁，父母也因为她生病而一直很宠她，于是自己就成了一个很任性的人。时间长了，就养成了习惯，稍微有点不称心就想冲人发火。

"老师，每次和你说话，就觉得心情特别平静，很舒服。"她说。

"唉，我真是佩服老天啊！"我说。

"什么？"她有点摸不着头脑。

"你看，你任性脾气暴躁，偏偏你又心脏不大好，其实是最不应该生气发火的，老天不是在努力要把你培养成一个有修养的人吗？老天又让我出现在你面前，让你好好跟着我学习做一个有修养的人。这样的老天，如此用心良苦,你不感恩吗?"我掰着手指娓娓道来。

"真的哟。"她瞪大了眼睛。

我们都笑了起来。

(江苏省昆山市葛江中学　于　洁)

案例点评

以柔克刚,不露痕迹

读着于老师的这个案例,敬佩、感动之情油然而生!

案例中的小菲,刚开始时俨然像个大姐大:她会公然指着语文老师叫她"滚出去!";敢不写作业;主动嘲笑同学,但同学斗不过她,只得忍气吞声、息事宁人。她也俨然是个学困生:好几门功课挂红灯,有的刚好及格;50名同学中排倒数……她可以说是班级的超级"刺头"了,老师和同学们都会时刻提防着她,怕惹毛了她。试想下,这样的学生在三年的中学生涯中能收获多少老师的关爱、同学的友情?

她也形成了一种思维定式:老师找她谈话,准没有好事!所以当于老师第一次叫她出去时,她很不乐意,以为老师仍会训斥她一通。可是,于老师却像朋友一样地微笑着握了一下她的胳膊,说:"你在调查表上写的'我会努力的'五个字我看到了,我心里很喜欢,相信你会成功的,有什么需要我帮忙的只管和我说。喊你出来,没什么其他事,就是和你说这句话。"这"一个微笑"、"一个温柔的一握",加上"我相信你"、"有什么需要我帮忙的只管说"等温和的、关切的话语,让这个孩子大吃一惊,心灵受到了强烈的震撼:老师是多么得疼爱她、关心她、相信她呀!此时的她强忍住了即将夺眶而出的泪水……

这一幕不仅打动了这个孩子，也深深地打动了我这个老班主任。于老师的这些举动体现了一个班主任的教育智慧，用自己温柔、善良的心灵去唤醒了一个一直和老师、同学敌对的、桀骜不驯的心灵。这就像中国功夫里的以太极的柔去克武当、少林的刚。这也为于老师接下来的顺利教育做了很好的铺垫。

　　孩子喜欢哪个老师，就会喜欢该教师的课，于是孩子喜欢上了语文课。她的作文字里行间透出对于老师的喜爱，甚至是崇拜！光有千里马，没有伯乐是不行的，孩子良好的写作水平得到了于老师及时、充分的肯定。孩子第一次觉得自己原来也是如此的优秀，她在学习上有了自信。

　　于老师不愧是个有心的班主任，还注意到教育的联合性，让其他任课教师也去观察小菲上课的表现，等她听懂了再提问。这样做不断地加强了孩子的自信心，孩子的成绩渐渐有了质的飞跃。

　　当然，教育的成效不是一蹴而就的，孩子原来的定式也会"卷土重来"，可喜的是她能用书面的方式去表达歉意了，这就是于老师以柔克刚的功效所在。

　　该案例还为我们呈现了一个真实的师生间的书面对话，让我们感动至深。在这个信息发达的社会里，有几个班主任能这样用心地亲笔去和孩子进行心灵的沟通呢？信中老师亲切地称孩子为"小耳朵"，有几个孩子能拒绝老师这样的爱呢？案例中的班主任想孩子所想，怕孩子赶不上回家的汽车，居然抢着帮孩子打扫卫生，老师这样的行为其实也为其他学生做出了榜样。不论是老师还是学生，都是一个集体，集体成员间应该相互关爱、相互体贴。

　　综上所述，于老师的以柔克刚术，不仅收获了小菲的心，还激发了孩子身上的正能量，让她渐渐变得自律、懂事，成绩当然也逐步提高起来了，同时其他的学生也潜移默化地受到了团结合作、相互关爱的教育，真可谓收获满满！

　　在教育的长河中，也许是你轻轻的一句鼓励，也许是你简单的一个爱抚，也许是你深情的一个眼神，也许是你习惯的一个问候，也许是你不露痕迹的一个暗示……都会给学生留下刻骨铭心的记忆，荡漾起学生心中的涟漪，从而更好地激发学生的正能量，使学生更快乐、更健康地成长，那就让我们一起来做个智慧的教育者吧！

（江苏省镇江市润州区南徐小学　刘兴平）

案例4：我驾驭不了她

我是一名小学四年级的语文老师，目前班上有一名孩子小青让我深深地体会到了自己的无力。说实话，我底气不足，因为，我实在驾驭不了她。

不得不承认，她很有才气，作文写得很好。她很爱看课外书，简直到了痴迷的程度，上课、下课，甚至任何闲暇时间她都在看，每天平均都能从她抽屉里搜出四五本。

除此之外，她还很爱好画人物画，课堂上经常能看到她的杰作。每当她不想听课时，就会在桌子底下做两件事——看书和画画。

她的个性很强，她愿意、感兴趣做的事积极性很高，但若遇到她不愿意做的事，包括写作业，就是不做。你问她为什么时，她会甩给你两个字"无聊"。

班上的集体活动和副科她现在是一律都不参加，用她的话说还是因为"无聊"。

她高兴的时候什么事都好说，可也是说说罢了，有时根本做不到，遇到困难容易放弃，经不起挫折，批评几句就噘嘴不高兴。

我对她的情感很复杂，觉得她不是一个普通的学生，她似乎很有思想，但又是如此一意孤行。要知道，她这样下去，一方面会让所有教她的老师头痛恼怒，另一方面对她的成长也是不利的，哪有这样挑挑拣拣读书的！

班级里有这样一个学生，每天都要面对，真是难受，何况还有那么多学生看着，那么多任课老师看着。何况，她只是个四年级的孩子，我却对她束手无策，只能任由她这样。因为，我要是去管她，她会和我闹矛盾，以她的个性，真要闹起矛盾来，十头牛都拉不回她！

我真的驾驭不了她，很头疼，就像进入了一条深深的隧道，找不到出口！

（苦恼的老师）

案例点评

你遇到的这个学生可能是未来的三毛

苦恼的老师：

你好！

读完案例描述，我的脑海里首先跳出的便是我这篇答复的题目："你遇到的这个学生可能是未来的三毛"。

在你的描述中，我看到了一个对文学和美术痴迷的女孩子，也看到了一个个性极强的女孩子。事实上，她的个性极强，可能源于她家庭的宠爱，更可能是源于她已经阅读了大量的书籍。我猜想，她阅读的书的程度应该已经比较高深了，已经远远超出一个四年级女生的阅读程度了。所以，她对周边人与事物的判断，应该也与一般四年级女生不同了。她的"无聊"两个字便是最好的证明，她觉得周边的孩子都显得非常幼稚，甚至她看老师也觉得老师很幼稚。我们不得不承认，有些孩子在某方面是胜过老师的。

这个女孩子对于文学与美术的痴迷，有点类似于女作家三毛。而很多人对三毛的读书经历有误解，以为三毛只想读文学类的书而对其他所有学科嗤之以鼻，以为三毛初二辍学后就是专心读书写作，其实不是的。三毛在后来的回忆中，就非常清晰地提到这件事情。她的真实例子，也许可以帮助你现在的这个四年级女孩子慢慢改变对读书这件事情的看法。

我非常高兴地找到了三毛当年与一个孩子的通信。我想，如果你能够把这样的两封信给你的女学生看，会比你对这个女孩子采用"搜书"、"逼着完成作业"、"训斥"这类的方法要有效一些。

我把关于三毛的介绍和两封书信都贴在这里。

三毛（1943—1991），女，台湾作家。生于重庆，浙江省定海县人。本名陈平，笔名三毛。曾留学欧洲，婚后定居西属撒哈拉沙漠加那利岛并以当地的生活为背景，写出一连串情感真挚的作品。著有《撒哈拉的故事》《万水千山走遍》《滚滚红尘》等。

陈平老师：

请容许我如此地称呼您，因为我找不出更恰当的称呼了。做您的读者，我不愿说一些崇拜您的话来证明什么，下面一个放不开的问题，想听听您的看法。

一个15岁的初中生，她偷取您小时的方法，逃学两天，到图书馆看书，可是第三次给班主任发现，记了小过，给父母、妹妹讥笑怒骂了一顿。但在这件大人们认为极要不得的行为发生以前，她曾有一段时间，丢开一切小说、散文、诗词，决意把自己泡在英语学校的课本中，一天利用三四小时查字典、拼单字；学校的考试来到了，她简直拼命地去温习、去背，结果，天不作美，除了中国语文、历史令她满意外，其他11科都亮了红灯；她自己又失意了，英语对她来说实在太难了。陈老师，我知道您懂的语言不少，对她的困境是否能给一点儿意见？谢谢您！

祝您
永远快乐、平安

学生林立　寄自香港

孩子：

你客气地称呼我老师，在我的心中便将你当为一个心爱的学生，谢谢你这么看重我，我亦当看重承受了这一声称呼之后你对我的期盼。

从你的信中看来,你是偏向于文史方面的,而其他学科便不能兼顾了。

你不喜欢英文,其他科目也不及格,并不表示就是一个笨孩子,只因为你的个性使你甚而敢于逃学去看自己爱看的书,受不得一点儿勉强,因此即使强迫自己去啃那些不感兴趣的课本,也考不过关。

我猜,当你硬逼自己去念英文课本的时候,只是身体坐在桌前对着书,而心思根本不在它上面,对不对呢?

我的看法是:学问是一张网,必须一个结一个结地连起来,不要有太大的破洞才能网到大鱼。而学问的基础,事实上在我们进入幼稚园、小学、初中的这几个阶段中,都渐渐地在向下扎根,每一个阶段都是一个又一个渔网的结,缺了一个结,便不牢固了。

基础是重要的东西,没有根基的人,将来走任何一条路都比那些基础深厚的人来得辛苦和单薄。

也许你误以为,当年三毛的休学是从此放弃了其他的科目,只看文哲方面的书,这是因为我在自己写的书中没有交代清楚,真是十分抱歉。其实在不进学校的那一段时光里,除了文哲的书籍之外,也是看数理化学和自然书籍的。当年,我深恨英文,可是父亲定要我每三日背诵一篇英文短篇小说,我也曾恨死那些外国字了,也曾一面背一面流泪。后来,背成了习惯,懂得欣赏到音节与文法变化的极美,慢慢地便爱上英文,一生痴迷忘返,现在还打算去学法文和客家话。

这一切,回想起来,都得深深感谢当年父亲的坚持和逼迫。

孩子,以你的年纪来说,目前学校的每一科课程,都是将来进入社会时必需的基本常识。这些知识,可以使你未来的人生更充实,未来的实际生活更得心应手。走到了那一步,再往自己喜爱的文史方面做更深一步的探讨甚而创作,也是不迟的。更何况目前你的年纪尚轻,在每一个学科上考及格,当不是太难——只要你肯真正心神合一,专心地去看书。

我也了解,面对不感兴趣的功课,是难集中精神去对付它们的。可不可以让我说一个小秘密给你听呢?有关读书的。你那么爱文学,便从这儿做起吧!

将数学当成"推理小说"去看待,你是那个侦探,一步一步追下去,结果答案出来了,凶手被你捉到,而且没有冤枉他人,这不就等于一场游戏?

把自然科类想成是一个田园诗人面对的一片好风景,花怎么开,雨怎么来,蜜蜂如何采蜜,树如何生长……不都是一个诗人观察的景象吗?

至于物理和化学,它们也有趣,你看不看科幻小说?我是爱看的,如果没有物理、化学的常识,便看不太懂了,是不是?

应付英文,将它想成一场缠绵的爱情小说:初识,陌生,误会,了解,陷于情网,不能自拔,永结同心,再生儿育女……以上的情节不也是我们初识这些外国字的心态吗?当然,你可以也将英文想成一场没有结局的恋爱故事,有一天,爱过了(考及格了)便与它说再见,另结新欢——你的文史兴趣。

孩子,天下没有一件事情和学问没有它的迷藏,试着放松自己,用另一种眼光和心情去试一试、探一探它们的神秘。一个人,在知识上,是可以有多面性而一样和谐存在的。

乖乖去试一下,好吗?读书不是为父母,请想清楚,读书是为了充实自己,任何书本,包括教科书,事实上,大半是开卷有益的。不要再逃学了,懂得支配时间,才是聪明的人。

谢谢你的来信,下次期望你不再写信来,寄来给我的是一份全部及格的成绩单好吗?不必太高分,及格就好了。

预先谢谢你,祝:

快快长大、毕业,不必再逃学,将来如念大学文科,堂堂皇皇地去念文学书籍了。不念大学,也无不可,又可去看喜爱的书,不必逃学,也未必不是乐事。

三毛　上

苦恼的老师,上面的文字给你的女学生看。下面这些话,是我想单独和你说的。

我们经常教到的是一板一眼跟着老师学习、就算内心有想法也不和你老师说、基本没有深刻思想、没有对于文学或者科学或者艺术有特别爱好、循规蹈矩、平平庸庸的学生，他们的个性通常只是体现在发发牢骚、发发脾气、干干坏事上；可是，你手里的这个女孩子却那么与众不同，她痴迷的是文学和美术，而不是网络游戏。

只是，以她目前的心志和对世界的认知程度，她还不明白仅仅看单一的文学是不能够让她成为有大才华的人的。这个道理，三毛在信中说得非常透彻了，相信她看了会有所触动。

所以，我想和你说的第一点，就是好好珍惜这个女孩子。我们难得教到这样的学生，遇到她是你的福气。别把她当成问题学生，别把她当成你自己的烦恼，而是要把她当成某方面的天才。要教天才，做老师的当然会吃力一点的。若是你能够在文学方面经常与她交谈一些读书心得，比如你看看她在读什么书，你也去读一读，然后找个时间和她交流交流，她要是能够佩服你，那么你再和她谈别的就会好办多了。否则，她会觉得你和她不是一路人，话不投机半句多，甚至她会鄙视你的。

这个第一条，做她的知音，很重要。这一条做好了，再配合下面几条，就会有很好的改变了。

第二，你在叙述中没有提到另外一些非常重要的问题，那就是目前她的功课状况如何，其他老师对她的评价如何，她家庭中父母对她的这个现象如何看待。这些都需要你去深入了解，以便来帮助你更好地解决问题。

第三，如果你担心这样的孩子上课看课外书和画画会影响其他孩子，那么你可以安排一个相对来说比较独立的座位。也不要在班级里一直当着全班同学的面批评她不做作业，也就是说，教师不要在班级里加强负面的宣传，有时候需要淡化。

第四，不管几岁，人总是喜欢听到别人对自己的肯定和赞赏的，何况是一个四年级的女孩子，再有个性，读书再多，还是喜欢听到赞扬的，所以，你不要总是盯着她的不好，不要总是看她不顺眼，不要总是批评训斥。她的作文，如果写得好，就寻找各种途径给她发表，画画好、作文好，可以在教室里的黑板报上搞一次她的专刊，让她自己画画设计、誊写作文，给她成就感。

最后，我想说，在你的教鞭下有未来的哲学家、教育家和艺术家。当你在讲台上十分无奈地去呵斥一个不听话的学生时，你是否想过：他很可能就是一位天才，你的呵斥很可能正在压抑一个超常规的创造。

珍惜每个孩子，好吗？

（江苏省昆山市葛江中学　于　洁）

[专家视角]
脑"冷"心"热"地对待个性强的学生

花开万朵，人有百态。人的遗传基因和所处社会环境以及教育背景、接受的教育程度不同，性格当然各不相同。如何与各种各样的人友好相处，网络上有人罗列了十点友情提醒，还是有些道理的。

（1）人的性格没有绝对的好绝对的坏。

（2）人没有绝对的优点与缺点，只有所谓的特点。

（3）每个人的性格都有多重性，甚至矛盾性。

（4）江山易改，本性难移。

（5）聪明的人了解别人，智慧的人接纳自己。

（6）别与性格为敌，别试图去征服他人的个性。

（7）别老盯着弱点和不足，更应该盯着潜能和优势。

（8）别总想着改造他人来符合自己。

（9）认识、尊重、保护差异性，创造、鼓励、管理差异性。

（10）上善若水。

这些友情提醒，特别适用于班主任与个性十足的学生相处。

在第七辑"与个性十足的学生过招"的四个案例中，我们看到了自尊心特强而认死理的小 A 同学,看到了特别有主见、不按牌理出牌的成同学,看到了脾气暴躁容易与老师起冲突的小菲同学,看到了有才气又一意孤行让人无法驾驭的小青同学,真是让人又好气又为难。他们的个性在相对平和的班集体中显得格外特别,甚至有老师觉得格外不和谐,给班主任的工作增添了很大的难度。很多班主任非常想降服这样的学生,但又担心被他们张扬的刺所伤,心里总觉得堵得不舒服。

我们该怎么办?在谢英老师和于洁老师的案例中,我们找到了方法。

一、脑"冷"心"热"

当个性强的学生的某些行为让我们生气的时候,我们必须先尽量克制自己激动的情绪,保持冷静的头脑,千万不能当即与他发生冲撞,要等待我们自己的情绪和对方的情绪平静下来之后,再找机会指出问题,用道理启发其觉悟,这就是脑"冷";当个性强的学生个人生活与学习或家庭遇到困难的时候,我们应该主动伸出热情之手,真心实意地给予力所能及的帮助,用温暖和真情疏通、加深师生之间的感情,这就是心"热"。

二、宽容化解矛盾

个性十足的学生,难免与老师和同学产生各种矛盾。个性较强的学生,很难克服遇事"上火"的毛病,往往会在不知不觉间与老师和同学发生磕磕碰碰,形成矛盾隔阂。我们既然知道了他的个性强,就不要计较他的性格弱点,而应该宽宏大量一些,主动用宽容来化解矛盾,特别是在一些非原则性问题和日常琐事上,让他三分又何妨?以宽容对火爆,看起来似乎吃了点亏,天长日久却会赢得所有学生的理解与尊敬,最终也会使个性强的学生受到教育与启发,进而产生愧疚之心,隐没自己的性格锋芒。

三、尊重学生个性

我们做老师的因为班级管理的需要,会不自觉地希望所有的学生都很听话，会不自觉地对个性强的学生比较反感。虽然不至于经常当面闹矛盾，但是内心深处却总觉得如鲠在喉，恨不得变成一个熨斗去烫平这个学生的棱角。这种想法实在要不得。我们必须尊重学生的个性。魏晋时期的文学家王粲生前爱听驴叫，这是个很多人很难接受的喜好，他去世时，好友曹丕提议众文友在王粲灵堂前学驴叫以安其魂。阮籍之母辞世，友人裴楷前来吊唁，却见阮籍喝得醉醺醺的，裴楷不与计较，依然按照当时的礼仪规矩而行。裴楷说："阮籍是方外之人，所以不崇尚礼制；我们是俗中人，所以用礼仪对待。"这些故事让我们明白应该尊重个性，包容那些非原则性的缺点，才能让师生双方和谐相处。总想着要磨平学生棱角的老师，必然会适得其反，被棱角刺伤。

四、以静制动，多降温

当个性较强的学生因一些芝麻小事情绪激动、处在"一点就着"的关键时刻，与任课老师或者其他同学闹了别扭时，班主任应头脑清醒，全面了解情况，以静制动，尽量多做降温的工作，决不能火上浇油，更不能本来是个劝架的人，到最后却惹火上身，直接与学生发生正面冲突。

任课老师和个性强的学生发生矛盾后，彼此难免感到别扭。虽然大家都碍于面子不肯先跨出谦让的第一步，但内心深处还是希望彼此化解矛盾的。那么班主任就要寻找机会，搭建台阶，让双方下台，冰释前嫌。班主任要以关心的言行使学生放下包袱，消除顾虑。只有这样，才能融洽相处。

五、不疏远、孤立、躲避

一个人个性较强，有时就容易对他人、对群体造成无意识的伤害。我们不能因为他的个性较强就疏远他、孤立他、躲避他。从一定意义上讲，疏远、孤立与躲避，就是对个性较强学生的性格缺点的放纵，只会使其感到"话不投机半句多"，从而激起更盛更烈的火气，更容易灼伤周围的人，不利于矛盾的化解和师生间、同学间的团结。有的班主任老师因为一些学生个性很强，觉得惹不起，就采用了躲的方式，内心深处不去接纳这样的学生，对这样的学生冷言冷语，这会让学生受到很大的伤害。

六、多看其长，少盯其短

不可否认，个性较强是一个性格弱点。说白了，这样的学生一意孤行、刚愎自用或者脾气暴躁、爱钻牛角尖，或者目中无人、固执己见，其实是情商低的缘故，他自己是不自知的。他的伤人，往往属于无心之错、无意之失，与故意伤人不能相提并论。老师和他朝夕相处，明知其个性较强，就不必与之斤斤计较、较真顶牛。如果事事都要争个我高你低、我对你错，不仅会伤了师生和气，也会影响自己的形象。对待个性较强的学生，老师还是应豁达大度一些，多看其长处，少盯其短处，看大节、看主流、看本质，尤其不能放大他的性格缺点而厌恶他。

七、求同存异，培养情商

一个人性格的形成，往往与其生活经历以及家庭和社会环境有着紧密的联系。发现学生的个性较强时，班主任应该尽可能了解其方方面面的情况，分析他性格形成的原因，以便给予充分的理解与原谅。同时，还应该教育所有学生学会在相处中求同存异，既正视性格方面存在的差异，又善于找到共同点。只有这样，才能缩小差异，建立起互谅互让的良好班风，增进友谊、和睦相处。

对待个性较强的学生，矛盾当头时不妨避其锋芒，让他三分，给其留下反思、愧疚的空间。当然，宽容不是纵容，谦让不是迁就，情绪平静之后，还应该找准有利时机指明其缺点，启发其觉悟。

班主任要不断提高自己的情商，用自身的良好修养影响学生，并在日常教育教学中培养学生的情商。

（南京师范大学班主任研究中心　齐学红）

第八辑
五种最有效的对话方式

张爱玲说:"当人离开世界的时候,唯有两样东西可以留存在世上,一是照片,一是文字。"

文字,带着它特有的温度,如水一般柔软却又无隙不入地渗透进了人心。

无论是周记、评语、书信,还是文字描摹,都带着发自内心的爱,随风潜入学生的心灵深处。

一、访谈类交流

🦋 案例：师话实说

《师话实说》是我们班这个学期开发的系列主题班会，是一个大型访谈节目。班会的创意借鉴了电视台的一些名牌访谈节目，如《实话实说》、《艺术人生》等。"师话实说"，顾名思义，就是把老师请过来参与班会活动，谈谈自己的成长经历、感悟心得、个人爱好，对学生说一些心里话，同时接受学生的现场提问。

节目一经推出，一改目前很多学生对集体活动的冷漠态度，立即成为学生们最喜欢的活动。由此可见，不是学生不喜欢班会课，而是我们组织活动的手法太陈旧，形式单一，难以引发学生的积极性和参与热情。

和学生相处的这么多年来，我发现，学生对老师、领导的看法是片面而单薄的，同时又很好奇。因为教师和领导面对学生的多数情况是教学、工作的一面，而教师作为一个普通人，一个多面体，他们生活中的性情往往被工作所掩盖。教师的世界是很神秘的，学生只能看到他们在工作中的表现，其余的都是未知，于是产生好奇心理。有些领导，因为工作需要，对学生的管理非常严格，由此也带来学生对领导的误解和埋怨。其实，这些领导也是从学生过来的，也有自己的真性情，也有很生活化的一面，领导的工作也有压力和难处啊。而这些，学生往往并不了解。创建新型的和谐师生关系一直是我们的追求，为此我们设计过很多活动，这个系列主题班会就是其中之一。

从创办宗旨和形式分析，《师话实说》节目满足了师生双方和班主任教育引导的多方面需求。

第一，学生可以通过这种活动更多地了解教师和学校领导的情况，理解教师的辛苦，学会全方位分析、评价教师。

活动的气氛是宽松的，和平时上课完全不同，在轻松的氛围中师生的感情可以迅速升温。我们创设了这样一种情境，学生比较容易与老师接近，从而更能接受教师的指点和教育。我们选择的教师或者领导首先是学校的精英人物、成功人士，他们把自己对成长的感悟和同学们分享。对学生而言，也是一笔宝贵的财富。

第二，从教师或者领导角度看，他们也想改善师生关系，增加亲和度，在学生面前重塑形象，让学生理解、认可自己，从而提高教学或者工作效果。

教师和领导放下身段，走近学生，与学生零距离对话，使自己的形象更加亲民。随着时代的发展和人的观念的更新，现代教育更注重引导和交互性。对话访谈是一种很好的交流方式。我们提供了这样一种对话的平台，可以让师生双方畅所欲言，交换信息，相互体谅、理解。所以，只要注意把握分寸，保护隐私，教师也愿意参与到这种活动中来。

第三，从班主任角度分析，让学生更多地了解教师和领导，改善师生关系，对教育和管理大有益处。

参与活动的教师从第三者的角度帮助班主任教育学生，其效果也会非常好。更重要的是，班主任通过开展这样的活动，让班级的文化生活更加丰富多彩，提升了学生校园生活的幸福感和集体凝聚力。

活动创意是不错的，但是实施起来难度很大，极富挑战性。这是一个全新的班会模式，准备工作要充分，对主持人的要求也很高，班主任的协调能力和统筹能力将接受考验。我们在电视里看到的那些访谈节目，成功的关键在于主持人的机智、灵活，需要随机应变而又不能偏离主题，恰如其分地把握和调节现场气氛，既不至于冷场也不能造成混乱。因为学生和教师，特别是和领导之间身份的差异，使学生很难放得开。这一点必须事先考虑到，所以，培养优秀的主持人很重要。为了让活动成功开展，节目主持人需要经过特殊的培养过程——在实践中锻炼和提高能力。

第一步，由班主任和有主持才艺的学生共同主持。在活动中，班主任指导、培训学生主持人。主持的学生本身应该具备这方面的才能和灵感，落落大方、不怯场，语言表达能力强，还要有一定的应变能力。在系列班会刚开始时，班主任可以带着学生一起主持，让学生在实践中增加主持经验，等学生的主持能力有了一定提高，可以独当一面时，班主任就可以逐渐放手。

第二步，由学生自己主持。每次节目一般设两个主持，一个是相对固定的，经过实战培训的班级金牌主持人，另一个是变换的，根据邀请来的老师特点安排。比如，邀请数学老师作为访谈嘉宾，可以让数学课代表做主持人，课代表和科任教师接触最多，相互也比较了解，无论是设计提问还是和老师交流都比较好上手。此外，每一个教师和不同学生的亲疏程度不同，与嘉宾关系好的学生也是第二主持人的最佳人选。

活动的具体操作过程如下。

1. 班会准备

（1）《师话实说》主题班会课一般每个月组织一至两次，每次请一位教师或领导做访谈嘉宾，一个学期大约六至七位。

（2）开学初即列出拟访谈的嘉宾名单，向全班招聘每次节目的主持人，列出访谈的大致时间，便于学生事先准备资料和访谈计划。访谈计划根据不同的嘉宾设计。每次节目设两位主持人，便于互补。

（3）主持人向拟访谈的嘉宾征询意向，征得同意后（注意不要勉强）提前一个星期向嘉宾发邀请函。和嘉宾商议、确定时间并进行初步采访。在访谈节目的前一天，再次提醒嘉宾做好出席准备。访谈节目当天，第三次确认嘉宾出席。由一位主持人把嘉宾带到现场。

（4）主持人搜集准备嘉宾的资料，设计访谈环节，制作PPT文件。背景音乐和节目主题曲统一使用伍思凯的《分享》。

（5）学生事先准备好向嘉宾提出的问题，问题要事先经班主任把关。

（6）班会前简单布置教室。座位通常有两种排法：一种是沿用上课的模式不变，嘉宾和主持人在教室前面，面向大家站着；另一种是学生座位呈U字形围坐，前方安排嘉宾和主持人的桌椅，让嘉宾坐着接受访谈。

2. 班会流程

（1）课间在大屏幕打出欢迎PPT，播放背景音乐，等候嘉宾的到来。

（2）请进嘉宾，主持人开场白，致欢迎辞，宣布访谈开始，鼓掌。

（3）主持人简单介绍嘉宾，更详细的资料将随着访谈进行渐次展开。

（4）第一环节，由主持人按既定方案采访、提问嘉宾，以嘉宾讲话为主（占活动2/3的时间）。

（5）第二环节，互动交流。学生向嘉宾提出各种感兴趣的问题请嘉宾回答（占活动1/3的时间）。

（6）主持人总结或班主任点评，向嘉宾表示感谢并赠送小纪念品，嘉宾对全班同学说一句话的寄语，班会结束。

3. 班会后记

从我班目前举办的几期访谈节目来看，现场效果很好，笑声、掌声不断。学生很喜欢听老师讲自己的成长经历和成长中的烦恼以及工作中的困惑，学生们的提问也很大胆。受邀的嘉宾包括本班科任教师和年级主任，后期将把访谈对象扩展到学校中层干部和校级领导（已排入计划）。

《师话实说》节目把原来在电视里的访谈节目移植到现实中来，嘉宾是学生身边的专家或明星，聊的是最贴近学生实际的话题。在现场，无论是教师还是领导，都是以和平时完全不同的风格出现在学生面前的，与平时的形象形成了巨大反差，气氛宽松而热烈，无论立意还是形式，都给学生耳目一新的感觉，所以效果特别好。这档节目一经推出，迅速成为我班"班会课程"体系中的名牌节目，赢得了超高的人气。而我们班在端正班风、打造班级文化和创建新型师生关系等方面，也由此取得了长足的进步。

（江苏省南京市第三高级中学　陈　宇）

二、周记类对话

🦋 案例1： 聊聊班级的这个那个

老班：

一周的适应期过了，所有的课都已经上过一轮了。班上同学们表现得很好，课堂纪律也很好。不过有一个问题，虽然课堂上很安静，但有点儿过分安静了。老师提问，下面没有一点声音，这让老师也很苦恼，已经有至少两个老师就这个问题和我们在课上谈过了，可没太大的作用。要是能想一个比较好的方法来解决，让我们改掉就好了。老师问问题，我也想回答，可是最大的问题是我害怕回答错了，或者是我真的不知道这个问题的答案。

最近比较害怕上××课，原来觉得老师还挺好的，可是最近觉得有点恐怖，因为她每节课上课前都会先训我们一顿，说我们作业做的是几个班中最差的，然后就这些事讲一大堆话。我也奇怪了，我们也想把作业完成得好好的，可是为什么就会变成最差的了？我们也不想要老师说我们啊！这样每堂课上得都有点压抑，我也会感觉比较郁闷。其实就是有点不服气！还有她说我们只是挂个最好的班的名号，事实上做得并不好。她凭什么这样说我们班？这样说我就会觉得比较气愤！我们哪点做得不如别人了！不管怎样她都不满意。也许是我们自己没做好，也许是她要求太高的原因，但也不要总是这样吧。

我这周上课观察了一下，老师上课，粉笔头掉在地上，有一半的老师会去捡起来，可是还有一部分却不去理会。我希望每个老师都爱护一下我们的教室环境，就一点小的事情，应该不会耽误多少上课的时间吧。

班上的一些课代表和班干部应该负点责了吧。有些课有两个课代表，其中一个是什么事都不管，另一个所有事全包，这好像不太合理。还有，我希望上早操的时候，我们能排着整齐的队伍下去，而不是一片散沙，这些事应该是体育委员管的吧？我总希望我们班能什么都好，所以会提以上这些建议，说得不好的请老师谅解。如果有些事老师也赞成，就配合一下吧。老师，教师节快乐！

学生：××

亲爱的××：

你好！

你的周记总是写得很认真。我非常喜欢看你的周记，因为有很多真实的东西。希望你能坚持。

每个班级都有自己的特点。那天上课我还讲了，我们班上课课堂纪律很好，就是有点闷——大家都太安静了。这个和我们以前的班级不太一样啊。原因很多的——我们班女生很多；刚开学大家彼此还不太熟悉；而且我们是单人单座；每个从不同班级来的同学心态都不一样。我们需要更多的时间磨合、适应。等大家真像一家人了，我想应该会好起来的吧。我们需要时间……

关于××老师，我想她是压力太大了，生怕我们考不过别的班级或者是三中本部的班级，才会有此怨言。我会和她沟通的，她是老班的好朋友，我和她说话没有太多障碍。的确，这样的说法有点让人接受不了。其实，上个学期她就有过类似说法，我和她交流过的，后来不是好了吗？而且最后我们班考得也确实好啊。没想到这学期又来了。那天中午××老师过来说大家的那些话就很不好听，我在旁边很尴尬。不过，念在她牺牲了午休时间义务为我们补课的份上，也理解了她。人无完人啊！老班不也有很多缺点吗？我们看一个人，既要看到缺点，更要看到优点。要多念别人的好，尽量忘掉别人的不好。这样，我们的心态才会平衡，生活才会美好。老班说得不好的地方，还要你多多谅解啊！

关于老师上课不捡粉笔头的事，我也注意观察了，确有此现象。我打算下个星期做一个友情提示牌，放在讲台上，提醒老师们及时收拾讲台和地上的粉笔头，同时委托小蚊子（一个同学的外号、昵称，她专门负责讲台的清洁）在讲台上放一个专门回收粉笔头的盒子。不知道这样做的效果会怎样。如果有老师还是不注意，那我们也尽到了提醒的义务，问心无愧了。不管怎样，我们还是要一如既往地把我们该做的工作做好，保持讲台和地面的干净。你说呢？

关于课代表和体育委员的事，你提醒得对。刚开学，总是有很多事需要一一理顺。我想，这些问题下周一定会得到很好的解决，请放心。知道你是一心为班级好，老班在这里谢谢你啦！

中秋节到了，祝你心情愉快，身体健康，学习进步！

爱你的老班

（江苏省南京市第三高级中学　陈　宇）

案例2：彷徨的初中生小强

[小强的周记]

上了两天学又放假了，真是无聊啊，星期六、星期天只能在家玩电脑，弄得我现在周记都不知道写什么了。

反正啥事都不想做，老妈回来就说我这个说我那个，只好沉默着。她说什么也就听什么。我也不知道我现在处于人生的哪个阶段，反正就是郁闷，有好多话想说又说不出来，不想说又闷得难受，真想找个地方放松放松，可哪有呢？给我点愉悦感吧！再这样下去，不闷死也得抑郁死啊！时间虽然过得很快，但又给我留下什么呢？

我真的很想开心起来，但又开心不起来，如果再这样下去真得了抑郁症怎么办呢？哦，天啊！

[于洁老师写给小强的话]

小强：

　　写出了心里的想法，是不是觉得好受一些了？

　　这是老师这一星期看到的最真实的周记。谢谢你这样信任老师，把内心的真实想法告诉了我。老师是多么希望通过周记能够和你们交流谈心，来解决你们的实际困难啊。只可惜有很多同学并没有懂得老师的良苦用心，以至于我经常收到一些敷衍我的流水账。

　　而你是不同的，字里行间，你告诉我一个信息，你是多么希望能够写一篇有质量的周记给老师看。老师从你的周记里获得了以下信息。

　　（1）你的周末过得比较无聊，可能家长都不在家，你没有玩伴，只有电脑。而你其实是不喜欢这样孤独的周末的。

　　（2）你和妈妈的交流不顺畅，妈妈在平时对你的批评多一些，她没有了解你的内心，你们有隔膜。但是你是个孝顺的、温和的孩子，你不想和妈妈顶撞，只好沉默。

　　（3）目前你处于迷茫时期，想和人交流，但是又有很多顾虑，担心你说的别人不懂不理解。

　　（4）你渴望快乐起来，渴望自己的初中生活能够有所收获、有所成就。

　　（5）你很焦虑、无助，担心自己会得抑郁症。

　　老师从这些信息里更好地了解了你目前的状态。你长大了！老师要明确地告诉你，你目前的状态是正常的，这是青春期孩子通常会出现的状态。要不然怎么大家都说越长大烦恼越多呢？青春总是伴随着很多烦恼与淡淡的忧伤的。

　　最想告诉你的最重要的一件事情是：在你内心深处，你渴望自己成为一个优秀的人。因为这种情况一般都是发生在具有优秀潜质的孩子身上，当外界的要求越来越多，当自己很渴望优秀，要求和渴望多到不能负荷的时候，就会因为不能接受自己怎么还没有那么优秀的事实而变得忧郁了。

　　别着急，孩子，老师来告诉你怎么做。下面的一些方法提供给你作参考，你选择其中一个来做，就可以大大改善目前的状态了。

第一，寻求倾诉对象。

这个倾诉对象，越是亲近的人越好。所以，首选对象是父母。

我知道，你们这样年龄的孩子在这个时期，总有一种困扰，是介于成年人和孩子之间的，对一些问题的看法和想法有各种冲突和矛盾，所以感觉百思不得其解，时间长了没有得到很好的引导，就会产生一种忧郁的心理和状态。在这个时期，如果父母能够及时给予正确的引导和适当的交流沟通，很快就会好了。

不过，你不和父母说，父母是不会知道的。因为在他们眼中，你始终是一个小孩子。其实，他们也是渴望和你交流的，你妈妈说大量的话，对你表示不满，其实也是她通过这个方式让你了解她内心的想法。那么，你也要通过某些方式来让妈妈了解你的内心。书信、字条或者手机短信，都是很好的方式。有时候，我们要教爸爸妈妈怎么做个好家长。呵呵，毕竟他们也是第一次做家长嘛。

要是你觉得你和父母聊不到一块儿去，那也没事，还有二选对象，亲近的老师和好朋友。

其实，你今天这篇周记，就是很好的一个倾诉方式，你让老师了解了你的内心世界，这样，老师作为一个过来人，就可以和你交流了。

找好朋友也可以，不过要找可靠的人哦。这个老师要特别关照，因为有的时候，你要是找了一个更加忧郁的人，反而会受到更多负面情绪的影响，非但不能解决问题，反而陷得更深。

第二，除了自己正常的学习以外，让自己的生活充实起来。

做感兴趣的事情。比如听音乐、看课外书、打球、逛街、和朋友聊天、帮父母买菜烧菜也可以嘛。去看看家里的老人，去大自然走一走，拍拍照，都行。参加体育锻炼是让人精神振奋起来的最好方法啦。骑着自行车，去看看风景很不错哦。假如能够和自己的好朋友一起做这些有意义的事情就更好了。有时候，朋友之间随便聊聊天也是消除不良情绪的好办法。

小强，如果你发现自己似乎没有特别要好的朋友，千万别着急。"人生得一知己足矣"，你看这句话，本身就告诉我们要得到一个知己有多么艰难。小强,其实,一些美好的书籍也可以充当我们的知己,可以成为我们的精神家园。比如老师我自己,无聊的时候,就会泡一杯茶、放一段音乐、看一本《读者》,那个时候,心很静,不会觉得无聊。

第三,食物调节。

多吃富含维生素B和氨基酸的食物,比如鱼、蔬菜、蛋等。香蕉很不错,这个东东很奇怪的,吃一两个可以让人快乐起来,要是吃多了反而让人抑郁起来了。好玩吧?

小强,老师还想和你交流下面的情况,你看看是不是因为下列原因让你觉得不开心了。如果是,就和老师说,老师会帮助你的。

(1)有的时候忧郁可能来自成就感变低了。以前可以做的,现在却变得不行了。比如某门自己喜欢的功课成绩有所下降了,就可能导致对自己的能力产生了怀疑,不能接纳自己。小强,你有这种情况吗?

(2)有的时候是人际关系方面出了问题。比如开始觉得跟别人比起来,自己长得不够帅,开始为自己的外表担心,长青春痘啦等,都有可能让自己有小小的烦恼与自卑,从而出现人际交往不顺。小强,你有这种情况吗?

(3)对未来很迷茫。青少年时期本来就是开始隐约寻求未来人生方向的时候,对未来的前途不清楚会让人感到彷徨,产生一种无所适从的感觉。小强,你有这种情况吗?如果有,可以问老师,有时候旁观者清,老师和同学可以建议你将来从事何种职业。

小强,你一直是老师很在意的学生,老师能够看到你骨子里的要强,内在的优秀,把老师当成你的好朋友,把周记当成我们交流的途径,非常欣慰。在你成长的路上,老师一直是你坚实的后盾。

你的好朋友于老师

(江苏省昆山市葛江中学　于　洁)

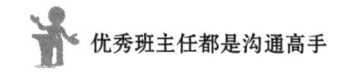

三、书信式交流

🦋 案例： 老师， 我爱上了他， 无法自拔

早晨打开办公室门，发现门缝里塞进了一封信，静静地躺在地上。

于老师：

你就当我是在自言自语好了。

鹏鹏是上一届我喜欢的男生的好朋友。他已经读高一了。今天他回来找学校盖章，他要去美国了，不知道你认不认识他。当初和他在QQ上认识时并没有和他多聊，毕竟他只不过是我喜欢的男生的好朋友罢了。但他是个好人，最起码现在我是这么想的。

或许接下来的话在你看来稚嫩得很，你应该不是这么走过来的，哈哈，你比我少这种经验。他和阿桑是男女朋友关系，不知道你是否认识阿桑，在阿桑知道我和鹏鹏聊得很开的时候，她上了他的QQ把我删除了；后来鹏鹏又来加我，他把事情的前前后后说了一遍。阿桑在QQ空间里骂我，其实我很莫名其妙。我喜欢的男生是从小和阿桑一起长大的，他也在空间里骂我，骂我贱。

这些都是老早以前的事情了，但我和鹏鹏的关系一直很好，其实真有很巧的事情碰到了我们身上，说得放肆点，鹏鹏有问过我是否愿意和他建立那种关系。但是我为了女孩子那一点点矜持，没答应。其实我是后悔的。起码，总是有缘的。

那一次我自己去剪头发顺便修了一下眉毛，当晚吃晚饭就被我姑姑看出来了，然后我爸爸就火了，后来才知道在他们眼里修了眉毛的女孩就意味着不干净了！那天晚上还好没被骂死打死。正好那天晚上，鹏鹏和阿桑分手了。鹏鹏的心情也很不好，但他还是安慰我。

鹏鹏有时候会生气一件事情，那就是我还一直记着那个我喜欢过的男生。他也会和我开玩笑。

今天我们本来约了等他来学校盖章的时候见面的，可是因为学校召开初三年级大会，就远远看了一眼。他走的时候，我正在上体育课。女同学们让我过去，我还是没去，但是我喊了他一声。他往我这边看了看，但应该是没有找到人群里的我的。其实我还是很后悔，女同学们都安慰我说距离会产生美。

很搞笑是吧，回忆真美好，其实我满脑子都是他，不知道为什么。

其实今天我们算是第一次见面，以前都是在 QQ 上聊天。我不好意思写下去了，总归一句话，我感觉他是个好人。

老师，我也好想出国。

我有个姐姐。也许是因为叛逆，我觉得她不希望我比她好，她总是害怕自己吃亏。但我还是明白血浓于水的道理的，所以我不大去和她计较一些得失的。鹏鹏每次都安慰我，叫我不要和姐姐吵架。姐姐是不想出国的，她22岁，家里也算不上富裕。但不知道为何，我有一种感觉，觉得姐姐将来会和我争家产，其实我不在意的，但我又很害怕发生。也许这也是个原因吧，我特别想出国，不想和姐姐生活在一起闹矛盾。

老师，我感觉自己写得很别扭，其实很早就有要写信给你的想法，不知道为何总是纠结。

其实我有很多话想说，我知道在这关键一年，应该以中考为重，可我完全完全无法静心。我放不下鹏鹏。

我烦死了！

于洁，我们成为好朋友吧！

要接受我过度的热情哦。

你的学生：沁玉
3月25日 21:32:11

沁玉是我的学生，只是我不做她的班主任。她平时给我的感觉是比较活泼，很叽叽喳喳的一个女孩儿。不过最近阶段确实有点沉默，上课的时候头也常常低着，似乎心事重重的样子。这家伙，还有两个多月就中考了，竟然被爱情撞了腰了。

我把信放进抽屉。这个抽屉是专用的，放满了学生们写给我的贺卡、小纸条、信件。一上午的备课、上课、开会，终于到了中午休息时分。我可以静下心来写回信了。

沁玉：

作为你信任的好朋友，我废话都不说了，直奔主题吧。

看完你的信，我也很赞同你的说法："鹏鹏是个好人。"

他能够在你心情不好的时候来安慰你，尽管他那时的心情也不好；他能够尊重你的想法，在你拒绝和他建立那样的关系以后；他会生气吃醋，在你提起以前男朋友的时候……这些都可以看出他是个内心很干净的男孩子。

但是我更加欣赏你。

哪个少女不怀春？你以为我就没有经历过你那样的情感纠结吗？我只是没有在你这样早的年龄，我是在高中阶段才有你这样的情愫。我们那时候还没有现在发达的通讯工具，没有QQ，没有电话和短信，有的只是彼此默默地欣赏，远远地观望。我们情感的春天真的是"怀"着的，仿佛隔河看柳，隐约的一丝绿意，真的走近了，反而彼此不自在了。至今回想起来，我还是对这一段历程充满感激。

我感激彼此的矜持，若是不顾一切，公之于众，或是牵手同行，天下皆知，父母、老师、学校、同伴，还有学业上的进退，都会让原本美好的情感变得俗不可耐。我们就必须把全部的精力放在与舆论的对抗之中，到最后精疲力竭，原本朦胧美好的情感也许就变成了那被捅破的窗户纸，风一吹，破败不堪。

这就是我欣赏你的地方。矜持，是多么难能可贵。尤其是我看到你们还仅仅是第一次见面，也只是远远地一望。平日里你总是叽里呱啦，关键时候，你还是能够这样有把持的能力。我相信，你是真的要这样的情感美好的。

我想过，他去了美国，你该如何？

当然会有一段凌乱的心绪，也许会有后悔（没有好好见上一面）；也许会有思念，毕竟他刚去美国，一切都需要适应起来，会忙乱一阵，你们的联系会有所间断；你也会有很多的不适应。

这些都没有关系。这段感情，打个比方，刻骨铭心如脸上的胎记，要是耿耿于怀，时时想起，反而影响到正常的生活；若是让自己忙起来，做一些需要全神贯注的事情，在忙乱中忘记，偶尔在忙碌的间隙里想起，也许更好。

他去了美国，至少需要半年多的适应期，那就不要添乱，让他好好去适应；你也正好需要两个半月全力对付中考，大家都很忙，偶尔问个好，寄予遥远的美好的祝福，这段美好的情感会更美好。

其实，我还想告诉你，我很理解你的心情与经历。你的家庭，让你有时不开心；姐姐年纪比你大很多，父母与你也许有代沟，你的少女情感需要寄托。和许多人一样，你寄托在一个你认为很温暖的男孩子身上。这些都很正常。难能可贵的是，你能够把持，你对得起你名字里的沁玉二字。

我也特别理解你的姐姐。我也有个比我小十岁的弟弟，他出生后得到了前所未有的宠爱，我也曾经无比失落。后来在自己不断前行中，我找到了自信，明白了一个道理：人生的好不好，其实完全是自己一个人的事情，我要自己好，我就能好；我纵容自己不好，我就真的不好了。想来，你的姐姐也是与我有同样的失落吧，我也是在很多年后才释然的。想来她也会有开怀放松的一天。

至于出国，暂不去想吧。有时候，我这样处理生活中的烦恼：若是千头万绪，心不宁，那就不去想太多太远的事情，烂泥萝卜吃一段洗一段，反而最好。

沁玉，教你一个我的独门秘籍。每次我不开心的时候，我就把这个不开心的事情写下来，然后揉成一团，扔到窗外或者垃圾桶里，用力甩甩头，对自己说："哈，扔掉了！好爽！"

如今，你把心事密密麻麻地写给我了，就当把麻烦和烦乱抛给我了，我给你接着，做成两只铜铃般大的眼睛，每日盯着，我要看你两个半月怎么做个大忙人！

作为好朋友，我把我自己的处事名言也与你分享吧："把一切交给时间，无论是丑恶还是美好。"

祝你一切都好！

好朋友：于洁
3 月 26 日 14:26

3 月 27 日早晨。

昨天把回信写好后，想着怎么把信给她。下午快四点的时候，我去操场走走，这是我一直以来的习惯，在这个时间段去操场快走几圈。

学生们都在操场上，男孩子踢足球，女孩子在练习实心球和立定跳远。我一眼看到沁玉也在里面。于是不动声色地开始快走，学生们远远看见我，男孩女孩都喊着我，对我挥手。我也挥手，示意他们继续玩。

走了三圈后，快接近沁玉所在的练习立定跳远的地方，我远远喊了一声："你们谁已经练完了的，到办公室里来帮我做点事？"

我的目光在沁玉脸上停留了一秒。

说完，我只管往办公室方向走。

果然，她心领神会，跟着我进来了。

"你啊，讨厌！"我嗔怪着她。

她眨巴着眼睛，不知道我的话语里包含着什么内容。想来她是做好了准备来听我批评的。

"讨厌！字写得那么小，蚂蚁！你害死我了，我看得吃力死了！"我笑着对她说。

她松了口气，抱歉地对我笑。

"在下面，拿吧。"我看到她的手正落在我办公桌左角的一叠试卷上。

她吃惊地看那叠试卷，突然醒悟过来，开始往下翻找。

一个信封露了出来。她惊喜地拿了起来。

"答应我，不要让任何同学看到。这是你我的秘密。现在是活动课，教室里人少，可以悄悄看完，然后认真上课。"

她连忙点头。往门口走，又探头进来问："门要帮你关上吗？"

"好的。"

第二天早晨用钥匙开办公室的门，想着门缝里会不会有回信。于是开得很慢，慢慢往前移动门，都快开了一大半了，还是空空如也。心里惴惴不安，不知道她看了我昨天的回信到底结果如何。快把门全部打开的时候，一个土黄色的信封静静地躺在地上。

我拿到手里的时候，一眼看到了信封上的大字："于洁收。"

我微笑起来，惴惴不安的心回归原位。我已经可以猜到里面的内容了："她一定是接受了我的劝慰了。"因为，昨天收到的信封上写着："于洁老师收。"打开来看，满满两面纸，字比昨天的信写得清晰多了，看来我昨天的"抱怨"她听进去了。

且看她的回信。

好朋友：

哈哈，老师写这样的文字都很文艺嘛！可快把我哭死了！一大串一大串的回忆全部涌上心头啊！是啊！对得起我名字里的"沁玉"两个字了，昨天的，远远望一眼！

他暂时还没有去美国，他会在暑假里去。老师会不会很害怕，害怕会收到更多的纸条。我喜欢这样的方式，悄悄地，你知我知。

最近，我老想着他去了美国我怎么办！重新回到初一时候那种说不出来的感觉吗？那时候我在班级里总被欺负、被开玩笑，常会哭，成绩也不好，班主任见了我都头大。寄宿的我常常想回家，我闹着要回去，爸妈就是不答应。还好在初三的时候终于实现了愿望，晚自习结束后回家睡觉了。不过成绩也没有上升啊！

等我读高一了，谁来和我分享我的心情！面对的又是一群生人！别看我平时叽里呱啦，可是我很害怕接触生人。

哪个女孩不怀春，就算和他有缘无分！矜持，女孩要有的矜持！我相信距离产生美！是的，你说得对，我的好朋友！无论老少，女性都是强有力的伟大！

现在想想，爸爸妈妈真的都很好，在学习上从来没有给我压力，或许因为这一点，现在的我，微微有一点想要去卖力读书了！哈哈，有个二胎妹妹或弟弟真的很不容易的。好朋友，你开导了我，我有点理解我姐姐了！

真的，我发现用温暖来形容玥辰最合适不过！人很好！很温暖！听你的，远远望，做彼此最强有力的后盾！（好夸张啊！）哈哈！

老师赠予的独门秘籍，我必定努力尝试。很佩服老师能够装下满肚子的学生的麻烦。我也要努力克制自己，做个真实的大忙人！

如果哪一天，我和鹏鹏修成正果，给你双倍的喜糖！记住，自己多留一点，给你那时的学生少发点！哈哈，不知道我会不会成为你以后所教学生的楷模！

我也知道老师也会有想批评我的话，是不是想了很久怎样讲才能把我说服了？哈哈！谢谢好朋友这样快给我回信。接下来，别那么着急回信了，你有空就回好了。

把一切交给时间，无论是丑恶还是美好！你说得真好！

小沁玉
3月26日 19:43

（江苏省昆山市葛江中学　于　洁）

案例反思

面对青春期萌发的爱意，教师怎么办

"老公"、"老婆"，少年人异性之间这样的称呼常常让老师和家长瞠目结舌；全班都知道某某和某某好上了，唯独班主任被蒙在鼓里；短信满天飞，深夜电话粥，家长恼火不已；甚至在校园里某个角落拥抱接吻；还有更出格的……青春中萌发的爱意，如春天一般，闯进了校园。这是我们必须面对的问题，无论我们愿不愿意。

告知家长，家校联合镇压？挑拨离间，拆散鸳鸯？指桑骂槐，冷嘲热讽？还是好言好语，耐心劝导？软硬兼施，晓以利害？不动声色，转移兴趣？或是按兵不动，冷眼旁观，等待恋情降温？我相信，以上种种，老师们大都用过了。

老师们的种种做法，出发点都是为了学生好，怕学生在心智不成熟的情况下，沉迷于爱意之中，无法自拔，影响学业或是身心受到伤害。于是温言相劝或是当头棒喝，老师们是焦虑的。只是，一定要记得，爱的前提是尊重。青春期萌发的爱意不是洪水猛兽，老师们也不要在人到中年的时候忘记了自己也曾经走过青春年少。只是时代不同了，电视、电影铺天盖地的直白的"爱情"充斥着学生们的耳目，他们没有我们以前那样含蓄了。

教师，该怎么办？

想起我曾经处理过的"爱"事件，至今还是很感慨。

女孩罗罗，父亲在车祸中罹难，幸福家庭瞬间化为无尽伤痛。青春期的她渴望有异性抚慰那颗敏感纤细的内心，于是接力赛一般与好几个男孩子在相处中萌生爱意。我也在课堂上没收过她非常直白甜蜜的情书。我给她当头棒喝过，让她做小老师分散她的精力过，好言好语劝过，直到最后筋疲力尽，耐心磨尽，败下阵来。最后在一个中秋之夜的晚自习上，一个家长来看自己女儿时特意带给罗罗一个月饼，暗示所有的家长都关心着她，希望她让父亲地下欣慰，大家都在期待着她的努力。仿佛醍醐灌顶，她幡然悔悟。现在的她已经是未来的老师了。

男孩凯凯，内向英俊，成绩优秀，喜欢上了一个活泼开朗的女孩，多次写信表白。女孩对他也很有好感。男孩成绩未受影响，但是女孩成绩一落千丈，受到家长与任课老师的责难，情绪很不好。我各种方法都用过，效果甚微。无奈之下，我与男孩子单独长谈了一次。我讲了自己的爱情故事，告诉他真正的爱情是全心全意为对方着想，不让对方苦恼烦忧。告诉他真正的爱情有时是等待岁月的考验。也许是以心换心。我的真诚与泪水，震撼了男孩的心灵。长谈之后，男孩仿佛成熟了很多，没有再去打扰女孩，最后被一流高中提前录取，与女孩平静告别。女孩也收了心思，成绩开始回升。

我感慨的是，我们总是滞后，在青春爱意已经从枝头的芽儿长成叶子的时候才忙乱焦虑地急急处理。有没有更好的方式，既尊重他们的青春萌动又很好地引导他们正确对待呢？

首先，要让学生知道，老师不是法海，老师懂爱。要让学生愿意把心里的小秘密向老师倾诉。我利用了博客和家校联系单两个平台。博客"三年的缘"日志分类很多，其中有答疑解难。我不动声色地渐渐开始贴出这样一些日志。

第一步，贴出性格色彩学家乐嘉写给 15 岁女儿的一封信

信里提到了这些话（摘选）：

我更愿意把你现在的状态定位为悸动。如果你恋了，证明你早恋啦。积极的健康的恋爱绝对可以让人进步；不过怕就怕你不知道怎么恋。多数大人对孩子早恋视如洪水猛兽的原因，主要有两个。只要这两个没问题，其实大人们不会这么紧张。这两个秘密我告诉你。第一，天天你情我爱影

响学习。其实大家都很清楚，根本不会有结果。你想想，大学生谈恋爱500对也成不了1对，何况中学生？影响了学习，最后毕业后找不到工作，影响最大的还是会回到父母头上。很多孩子保证说不影响，结果都没能力做到。第二，早尝禁果，影响身体，尤其对于女孩。万一怀孕，会影响以后女孩的生理机能。简单说，以后你想生娃的时候，因为当年太早破了戒，以后真要生的时候，生起来会很要命。情到浓时，大家把持不住，难免偷吃，最后爽的都是男孩，受苦的多是女孩，因为女子25岁以前（多数）不能理解和享受到性的奥妙。

所以，明白了这两点原因，你当理解大人的苦心。但你忍不住就是喜欢，我给你四个锦囊。第一，交往无妨，但你不要影响目前的成绩。好的情感是滋生向上的力量的，可以让你们变得越来越好。如果你俩双双下滑，只能证明你们都不来电，是假来电，你要继续慢慢等那个和你真来电的。第二，你能（把性爱体验）控制在18岁以上，过早对你毫无好处。第三，如果你真到了（偷尝禁果）那一天，记住一定要让他戴套，吃避孕药对你有伤害。第四，如果你们学校里有很多男生都喜欢你，你要小心，有的女孩会把几个男孩为他争风吃醋然后在学校打架斗殴，当成是种荣耀。你记住，这种做法，不仅会伤害别人，还会让这个女孩自己死得很惨，因为她以为她可以摆脱掉所有她不喜欢的人，如果遇见心理变态和极端的，你躲都躲不掉。顺便说一句，你的电话费实在太高了，讨零花钱谈恋爱，很没本事。

〔参考乐嘉著作《本色》修改〕

这些话，也正是我们老师和家长想对青春期的孩子说的，只是我们总是羞于表达或者没有很好的时机或者总是在"出事"以后才想到要说，那时候孩子已经听不进去了。

通过乐嘉的嘴巴说出来，效果是不同的。且不说《非诚勿扰》节目学生都熟悉，乐嘉的个性也是非常鲜明，受到学生们的喜爱。他在信中作为一个有个性的父亲的恳切之心也是打动人心的。处处为孩子着想，语言幽默洒脱，对话式的亲切也是容易被学生接受的。

乐嘉的这封信，除了被放在我的教育博客上，还印在我每周五下发给家长签字的家校联系单上，如果有谁没有看过博客，这个纸质的文本就能够被家长和学生看到。除了给学生上了一堂关于如何正确对待萌动的爱意以及关于性的知识外，也教给家长正确对待的方法。

第二步，贴出一封学生的求助信

比如，我贴出的是一个男孩子觉得自己长得不好看，很自卑，无法释怀，烦恼之极后向老师求助的信。我写了热情洋溢的回信，从各个角度去理解、安慰他，通过现身说法、名人励志、哲学分析、第三只眼等方式，通过诙谐的语言和体贴的关怀，让学生感受到老师并不是只知道板着脸要成绩的人，是能够体谅他们的纠结苦恼的知心人与和善的长者。

这样的求助信与回信，也印发于家校联系单，也让学生和家长都能够看到、感受到老师是他们的坚强后盾。

这封信起到的作用，相当于抛砖引玉。当学生发现他们的老师是可以作为倾听他们苦恼的对象时，他们就会选择用日记或者字条、书信方式，与老师悄悄交流。而这样的倾心笔谈，成为师生之间的小秘密，既及时疏通了学生心灵的栓塞，又很好地融洽了师生关系。

有些师生之间真实的书信交流，是隐私，只在师生二人之间，不能再贴在博客或者家校联系单上。这对教师本人的要求也很高，引导一定要得当，既能被学生接受，又能朝着正确的方向发展。

第三步，用心用情，智慧地解决学生的烦恼

在《老师，我爱上了他，无法自拔》这个案例中，沁玉是看到我博客和联系单上的劝慰长得丑而自卑的男生的信后，确定我可以是她的倾诉对象时，才放心地给我塞进来了这份愁苦的心事。

这个女孩子，我只教她语文，不是她的班主任。我们可以得到一个启发，也许任课老师更容易让学生亲近。所以，如果班主任能够在搭班老师中，找到一个与学生走得比较近的，能够很好倾听、感召学生的任课老师，经常与这个任课老师联手，悄然解决一些学生的烦恼、纠结，也是一种很好的解决问题的尝试。

或者学校能够有专职的心理辅导老师，开通阳光信箱，也是很好的方法。

在我和沁玉的往来书信中，我们建立了一种默契的关系。我的存在让她的负面情绪有了倾诉的场所，让她慢慢变得平静。我在课上课后多加关注，持续与她保持沟通，帮助她走出阴霾。

由此案例，我想说，等事后春花满枝头，再想着去阻挡，必定会手忙脚乱，弄巧成拙，师生关系僵化，无济于事。我们可以做的就是事先做好青春期的辅导，成为学生的知心人；事后一路关心引导，避免事态往不良状况发展。

不把爱意看成洪水猛兽，不伤害学生，不忘记自己也曾经有过青春时分。

（江苏省昆山市葛江中学　于　洁）

四、人物素描

🍀 案例：我对你的印象如此深刻

[欣欣印象]

本周的班会预演中，欣欣的一个举动引起了我的注意。她主动提出要去修改班会用的PPT，这让我有点吃惊。多少次了，我安排她做个事情都是催了又催，要费很大周折才能完工的。她的同桌黄晨都说她记性不好，好几次早晨交作业时，我听到的都是一句："哦，我忘了。"这次能够有这么点变化，让我感到欣慰，至少也算得上一种进步吧。

隔天中午，她又向我提出可否安排"校园一日游"活动，说团支部要写总结了，得准备材料。这个活动是我在春天的时候和大家提及的，只因天气的原因错过了花期也就作罢。没有想到她还记得这件事情。我近来时常留意学生们的一点点变化，也会用笔和图片记录下他们成长的点点滴滴。这也是我时常和班干部说的，做事情要有主动精神，眼睛里要有事情。其实在现实生活中越是主动的人越是能够积聚更多的能量，我希望学生们能够深刻体会其中的真味。

前两天欣欣过来请我做个事情。我问她什么事，她很不好意思说。追问之下，是请我收一个包裹。我问她怎么不寄到家里，她说不想让爸妈知道。周四中午又跑过来和我说是否可以帮她付款。我之前也是批评过她追星的事情的，她笑了笑和我说，没有办法就这么点爱好了。这件事上，我感受到的是她对我的一丝信任。

其实，友情也好，爱情也好，久而久之都会转化为亲情。说也奇怪，和新朋友会谈文学、哲学、谈人生道理等，和老朋友却只话家常，柴米油盐，细细碎碎，种种琐事。很多时候，心灵的契合已经不需要太多的言语来表达。朋友新烫了个头，不敢回家见母亲，恐怕惊骇了老人家，却欢天喜地来见我们，老朋友颇能以一种趣味性的眼光欣赏这个改变。

我说，你们父母这个年纪的人大多很难欣赏你们现在的一些爱好，反而是作为打击批判的对象。换句话说，我也希望你们可以尝试着换个角度来理解你们的父母。年轻人有爱好比没有爱好要好，但任何东西自己要掌握一个度。

记得也在追星的问题上，我接过她妈妈打来的求助电话。当时我还在杭州，她的妈妈很是焦急，说前天欣欣和艳艳一起去南京参加一个电台节目，一直没有回家，手机关机。这一点我是要批评同学的，俗话说"儿行千里母担忧",我们到哪里去,一定要告知父母,以免父母担心。而且女孩子我是不主张很晚才回家的,尤其是夜不归宿。在我回来的路上,她的妈妈告诉我终于联系上了。今天提起这件事还是希望同学们能够多多体谅父母的心情,做事情时要能够多考虑父母的感受。

最近我也留意过她的几个变化,有好几次看到我时,她都会和晨晨一样大声地向我问好,前段时间在搏击操中我也看到她练习的身影,在文化艺术节中我也看到了她的身影。我觉得这些都很好。前段时间的征文活动她获得了二等奖,这次技能节活动中她的美术作品也取得了名次。应该说行动总是有收获的。

记得她是全年级第一名进来的,最初的时候,老师也是因为成绩安排她做了学习委员。很长时间里她都不知道学习委员该做些什么。这个方面,我们也曾经努力过,但是学习在我们这个大环境下真不是一件容易的事情。成考时,我们组织过学习小组互助;成考后,我们组织过各种形式的活动促使大家练习技能。虽然成效不是很大,但是也比原地踏步要强一些。

记得因为学习的问题,我和她谈过一次。谈话中,我感受到她所遭受到的来自父母方面的责备。其实,这也是中国家长的通病,似乎孩子都是他们的私有财产,孩子都是他们未完成的梦。家长们都希望孩子沿着他们的设计方向而发展。其实,我们更应该尊重孩子自身的生长,我们应该问问孩子需要什么。记得那次谈话并没有达到我的预期,很多时候我对她也是有种失望的感觉。现在想想,我似乎也是犯了和家长同样的错误。到了今天,时隔一个多学期,看到她现在的样子,我觉得还是应该给她多些自由的空间,不要过多地要求什么。教育需要等待。

印象中还有一件事勾起了我的回忆,那是一次道歉。她把自己做了一次剖析,做到这一点很不容易。我在她这么大的时候是不会轻易认错的,即使我错了,也会死撑着不说。在她身上我留意很多,我也学到了很多。她是一个不轻易说不的人,每次我交代的任务她都能够接受。她有自己的爱好，并且愿意为自己的爱好付出心血。在教育过程中，每一次的付出都是有所收获的，在她的身上我收获的是迟来的快乐。

[娜娜印象]

其实，很早就想写写娜娜同学了。对于她，我还得从这个学期的几件事情说起。

娜娜前两天乐呵呵地和我说起在校门口和校长的一次偶遇，校长的几句鼓励的话让她深受启发。对此，我给予了好评。我在班级日志中写道："人的成长往往是不经意间的事情，在一件事情上就可以让人感觉到自己的成熟。"在她的叙述中，我感受到了她的成长。

一次出操，她托班长塞给我一张纸条。我不知道她为什么不亲自交给我，也许是对我有些畏惧吧。从文辞中我感觉到了。她说怕我批评她迟到。看了纸条之后，我很是欣喜。我表扬了她的这种沟通方式，对她说："扣分就扣啦，你能想到班级荣誉，老师就很欣慰了。"

这个学期开始的时候，有一次我到校很早，大概是6:50。我在西门口的地方看到了她，很是吃惊：一个远离东山城区的走读生竟然可以这么早到校！询问后，我知道她每天很早就要赶车，还要转乘地铁，一路颠簸过来，没有想到竟然还可以那么早。

这是这个学期中她给我印象较深的三件事。她总是在不经意间给我留下很深的印象。

六月，对于学生来说是个离别的季节，同中专生涯做个告别。三年的中专生活，我们之间经历了很多故事，在我和娜娜之间体现得尤为明显，师生之间走向了一种期待中的美好。我们所有人在这个班集体中都倾注了很多情感。一路走来，我们彼此都更加成熟，都努力在做最好的自己。我们只需记住彼此最美好的样子，就让我们和往事干杯吧。我很开心能够在中专毕业的时候收获一个成熟的学生，希望这种成熟能够为她接下来的生活开辟一个新的天地。

说到现在，我们还是不能不说点过去。在第四个学期时，我曾经和娜娜说过："我们相处的前三个学期中，两个学期都比较愉快，只有中间的第二个学期闹了点不愉快。现在是第四个学期，老师怕又是第二个第二学期。"我这么说，表明我还是很在意和学生之间的关系的。

现在，第四个学期过去了，我开心我的担忧没有发生。

回首我们相处的几个学期，我打算用下面几个关键词来总结一下，"鼓励"、"约束"、"默默守望"。

第一次家长会的时候，我和她的父亲说过和孩子要温情地说话，有时要认真思考并尊重孩子的意见。她的父亲虽然点头同意，但还是保留了意见。

记得我在"印象08（1）班"一文中详细记录了和她有关的一些故事，那篇文章写她的文字最多。在我的鼓励下，娜娜蜕变了：能够克服困难去参加演讲，能主动分担班级事务。

事后，她的父亲和我说，娜娜变化很大，说她很信任我。我庆幸那段时间的付出得到了她的认同。其实现在想想，真的是要感谢她的。

记得我第一年做班主任时因为生气曾经挖苦、讽刺过她，但是她却没有记恨我，还是能够感受到我的鼓励。我也是在做了班主任之后才体会到老师的一个挖苦、讽刺在学生心中会造成多大的伤害。今天借这个机会，我要说声道歉。我为她的宽容而庆幸，也为我的不当言辞而愧疚。

之后的一个学期，我和她的关系可以用一个词"约束"来形容。我似乎从鼓励中找到感觉，似乎觉得我可以掌控一切，觉得她应该完全按照我指引的道路前行，可是我并没有真正考虑她的感受。这段痛苦的经历提醒我，教育是需要慎重的。我庆幸能够看到她现在的样子。

其实在这个班级中，有的同学因为类似的事情却完全走到了不可挽回的地步。虽然她们有自己的原因，但是我还是有着不可推卸的责任。

到了第三个学期，我开始退居幕后"静静地守卫"，没有了过多的约束与压迫。也就是在这样的宽松环境中，我看到了最初的那个娜娜。她开始跑步了，没有任何人强制要求。现在我看到了一个成熟的她。当我们回首这一切的时候，可以说每一件事的发生都是有价值的。

娜娜给我提供了很多思考的素材，我愿意把她当作一面照亮自己的镜子，来看看自己的不足。

[晶晶印象]

说到晶晶，她过去是一个不曾引起我关注的同学。最近这个学期，我欣喜地看到了她的变化，她变得开朗了很多，能够和老师开玩笑了。我想她的变化和她自己的努力是分不开的。一棵树的种子只有有成长的欲望，再认真浇灌，才可以长成参天大树。

我印象最深的是上学期的家长会上，她的妈妈问我她在校的情况。我很开心地告诉她妈妈说她很好，说起了她最近竟然学会和我开玩笑了。

之后我请班长安排一个同学来统计宿舍的分数，班长给我推荐了晶晶。她的工作非常细致，每次都用手机拍下来，再看着屏幕把分数抄写在本子上。要做好这样的工作，需要非常细致的人。今天看到她这般认真，很替她高兴，同时希望我的这个任务能够让她真正养成一种习惯。应该有不少人对这样的统计没有多少好感，认为这样做没有意义。其实很多同学都知道达·芬奇画鸡蛋的故事，就是能够坚持做看似没有任何意义的事情，从而培养出了惊人的观察力。其实，我们很多时候最初做一件事时并没有目的性，但通过这件事往往却可以达成某种目的。所以我建议同学们像她一样，不要轻易否定一件事情的价值，先去把事情做好。

后来，我又请她照顾班里的那盆滴水观音，经常换换水。前两天她和我说要给滴水观音换个大的花瓶，好让它舒坦一些。我想人何尝不是这样，我们有没有想到为自己争取更加广阔的空间呢？

针对此事给我带来的启发，学期末的时候，我请大家去思考一个问题"我为我自己做过些什么"。如果一个人连这个问题都没有思考过，我们很难相信这个人将来的道路会走向何方。

晶晶还曾问我要不要带点绿萝来，我想这就是主动精神。她在所做的事情上已经开始倾注自己的情感，愿意把这件事情做好。这其实是以后工作中很重要的一种品质。我庆幸她通过自己的努力开始把握住身边的机会了。

我印象中她的书法和美术都很不错，她的二胡也考过级。我给她的建议就是多在舞蹈方面努力，这样人才会更加活泼以适应担任幼儿园老师的生活。

放假前她向我借了两本书，一本插花的，一本拼布的。这两本书我买了很久了，想让学生们按照上面的要求制作一些手工，但是都没有成品。我前两天也在想，暑假中是否可以请个同学来做做手工。没有想到她能够主动和我提出这个要求，我真是又惊又喜。

我非常欣慰她通过自我的激励抓住了成长中的各种机会，不知道我能否算作她成长中的重要引路人。

我还是用陈宇老师的那几句话来和晶晶共勉吧。"只要用心，人人都可以成为最好的班主任。学生心中的好班主任，同时也是最好的自己。教育，成全了学生，也成全了一个又一个最好的班主任。"

[小娟印象]

在很长的一段时间里，小娟并不是我很中意的学生，我们之间也曾有过一些言语上的不愉快。这种感觉，至今我也不曾回避。也许你要问，老师怎么可以这样？确实，从某种意义上来说，我的这种表现是很不称职的。但是，在我们相处的这两年多时间里，她还是给我留下了不少闪光的记忆。

今天，我有这个勇气来写她，很大的一个原因就是下午她和我说的一句话："长大了，懂事了。"我想，作为一个教师，最希望看到的就是这样的结果。虽然一路走来，我们的路途稍显坎坷，但我们毕竟携手并进，共同见证了这成长的喜悦。

她让我懂得生活本是丰富多彩的。

我时常会回忆起带班之初的情景，每当回味那段往事的时候，我都感谢同学们对我的宽容。两年前的我，虽然有工作的热情，但是真的缺少工作智慧。那时的工作方法其实也在无形中伤害着班级的同学，这其中也包括小娟。

那时我总是妄图按照一个模子来塑造我的学生们，无视每一个同学之间的差异，想着一夜之间就把不同的人催发到一样的高度。对于一些不能达到要求的同学，我大多选择的是斥责。在很长的一段时间里，从我内心来说是不能接纳这部分同学的。

记得有一次，小娟主动把头发染回来，我在全班同学面前表扬了她。一方面，我确实为她的这种改变而高兴；另一方面，我真的问过她染发的真实想法吗？有同学问过我，是不是那些听我话，给我做事的同学才是好学生？我可以回答她，当然不是。但是，在实际生活中，我却没有胆量告诉她我真的可以做到一视同仁。现在，在小娟身上，我发现我真的做到了。我能够做到从欣赏的角度来看待她的个性，她告诉我：世界本是丰富多彩的，我们要学会接纳每一个人的个性。

她让我学会等待。

客观地说，在与学生的沟通方面，我做得不是很好。与有些同学相处时，我显得很是急躁，因此她们自然选择了关闭沟通的心门。学生毕竟是学生，她们总是可以以宽容的心来对待我们成人的错误。很庆幸，在即将毕业之际，我还有机会看到曾经犯下的错误有被改正的可能。

和两年前相比，我不再那么急促地催发她们的成长，只是放慢了脚步记录下她们一点一滴的成长故事。在我的印象中，小娟是比较喜欢笑的，有几次她都是笑眯眯地招呼我到她的座位旁边，然后拿上请假条让我签字。对此，我没有了以往的批评，只是略带调侃地和她说："你真会省时间。"每个人都有缺点，我们没有必要放大对方的缺点，我们要学会等待，等待的心境可以让我更多地看到对方的优点。

她让我学会聆听。

我曾留意过她在日记中的一段话，说的是另外一个同学其实也在默默地为班级呐喊。我很感谢她的提醒，也很想修复好关系，但结果还是失败了。我不想为失败找各种各样的借口，只能说当时我做得不够智慧，我应该对此负责。虽然事情已经过去，但这毕竟是我班主任生涯中不光彩的一页，我在聆听方面做得不是很好，扪心自问，我真的很少了解学生的真实想法。记得一位同学说过："如果我错了，我会给大家道歉；如果你们错了，希望你们也会给我道歉。"是啊，虽然说现在我们的关系好了很多，但我仍有很多地方需要改进。我感谢小娟能够指出我的不足，给我提出真切的建议。

教育永远充满奇迹，很幸运在我们相处即将结束的时候能够收获这份奇迹。希望我的这点收获可以成为我们从教的共同财富，更希望小娟在她的人生道路上能做最好的自己。

[瑶瑶印象]

人与人相处时间久了，总是会去留意一下对方的变化。在我的印象中，相当长的一段时间里，我是比较担心瑶瑶的。我时常看到她面无表情的样子，这让我本能地有点揪心。

而这个学期开始后，我发现她活泼了许多，经常可以看到她的微笑，我也能够从她的眼神中感受到她对我的信任增加了。

在上次集体旷操事件的说明中，我读到了她对我的鼓励和支持。这让我再次感受到将心换心的道理。人人心里都有一杆秤，班主任的每一个动作学生都会在心里给你打上合适的分数。她还说一直都在看我送给她的那本《泰戈尔诗集》。那一刻，我感到了作为教育者的成功。多少次了，我在写同学印象的时候都要重复类似的话语："我庆幸能够在最后的时刻收获一个信任我的学生。"由于我最初工作的不成熟，在与学生关系的建立上，我走过很多弯路和错路，现如今可以说是一点点地修正过来了。感谢我的学生们给我这样的改过机会，感谢她们能够不计前嫌地接纳我，她们的变化给了我一次重新审视自我的机会。

瑶瑶之所以给我留下深刻的印象，是因为她主动选择倒垃圾的举动。当我把她的这个举动和教科室主任说的时候，他向我表示了祝贺，说为我班培养出这样一名了不起的同学而自豪。他鼓励我抓住这个典型，以点带面地开展班主任工作，以期进一步扩大成果。我也按照他的建议去做了，可是在方法上并没有做深入研究，最终也没有达到预期的效果。

今天有机会做个反思，我不得不问自己：如果下次再遇到这样的同学，我该怎么办？我想，首先要好好了解她为什么要做出那样的选择。我还请瑶瑶担任生活委员，主要负责保管班级财物和收发通知。她的这项工作也做得很好，只是后来似乎是我打乱了工作的界限，致使她的工作悬了空。这一点也是我需要检讨的地方。

其实，在班级事务方面，我始终没有建立起比较好的秩序。就拿任务分配来说，我自己也是经常混淆班干部之间的工作范围，这个疏忽可能给同学内心造成伤害。也借此向同学们道个歉。如果有下次，我希望自己能够完善这个工作。

我也想写一篇长文来描摹对瑶瑶的印象，她是那种在人群中极易引起关注的人，似乎你也会有种帮助她的想法，但是现实却是你发现自己很无力。在相处的这段时间里，我就有这样的感受。而今，在即将毕业的时候，从她一点点的变化中我感受到她似乎懂得了怎么去把握自己的人生，一种积极乐观的态度毕竟是一种好的人生态度。

最后，我还是以特蕾莎修女的一句话来祝福我的学生："确保每一个见过你的人，在离开时感觉更快乐，更好。"

（江苏省南京市江宁中等专业学校　陈　斌）

五、评语沟通

🦋 案例： 评语是 "平" 语

有一件事情给我的印象很深。读到初二时，因为搬家，我转学到了另外一所学校。等一切安定下来后，我提笔给原来的班主任老师写了一封信，信很短，流水账一样讲了些新的学习生活。没过多久，竟然收到了她的回信。信很长，信中叙述了她和我在一起时的一些琐事，字里行间流露出她对我的喜爱和不舍。

时隔20多年，我依然清晰地记得她在信的开头称呼我"洁洁"，在信的末尾署名"愚师×××"。时隔20多年，我依然清晰地记得自己当时激动与感动交织在一起的心情。她在信中给出的平等、亲切、真诚、欣赏，是她在给我的品德评语中所没有的。曾经做过那么多年的学生，现在做了那么多年的母亲，同时做了那么多年的班主任，我的多重身份，让我深深思考，评语是什么。

我家里最大的长辈——96岁的祖母，她的舅舅曾给了我很好的启发。曾经做过中学校长的他细心地搜集我一年中在教育上所做过的一些事情，到了年尾，就写给我一封长达四五页的手写书信，语重心长又亲切诚恳，针对一些事情谈他的一些想法和看法。这个比我年长三个辈分的老人，在每个学年期末的时候，用这样独特的方式给我写出了"评语"，使我一读再读，深深感动。

由此，我开始尝试用书信的方式来写评语，并有了自己的一些想法。

一、评语是"平"语，是平等的语言

传统的班主任评语阅读对象重在家长，常以第三人称"该生"开头，

班主任更多地重视评语的评价性，内容冷静、严肃、客观；写法上力求优点缺点并举，甚至面面俱到。这类评语常常是老生常谈，多数雷同，枯燥无味，体现出的师生关系不是平等的，而是居高临下的，因而难以被学生所接受。而家长在所谓的面面俱到中，感觉到的是一笔带过的粗线条，而不是细腻的情感。

事实上，评语除其评价功能外，最终目的应该在启发、引导、激励、鞭策、教育学生。因此，其主要阅读对象应该是学生，称呼应以第二人称为佳，而书信方式的评语就好像班主任和学生平等地、面对面地交心谈心，学生感到亲切自然，容易接受。

下面是我写给一个学生的评语，如果用传统方式来写，无外乎是这么几句："你学习的习惯要有所改变，要提高做事的效率。"但是，我在信中是这样写的。

我记得第一个周末，你的父母来接你回家，帮着你一起整理课桌，那真的是一堆"乱糟糟"啊。开学的第一周，你上课开小差的毛病暴露无遗，我开玩笑地说，你应该读幼儿园呢，记得吗？同学们还反映你收作业很慢，影响了课代表的工作速度，于是，你被我撤了职，记得吗？

后来，有一件很小、很小的事情，带给我很大、很大的震动。检查卫生的同学进入班级的时候，你突然发现地上有一张吹落的小纸片，你和萌萌抢着把它捡了起来。

当我知道这件事情的时候，我真的好感动。谁说你不懂事？谁说你幼稚？在你的内心，有多么强烈的集体荣誉感啊！

这样的你，一定是可以委以重任的。我相信自己的感觉。

如果是你，看到这样的评语，你会因为老师指出了你的缺点而不高兴吗？你会草草看一遍就丢在一边再也不看吗？你的内心会无动于衷吗？我记得那个学生收到这封信的时候，看了很久很久，才小心翼翼地折起来夹到成绩报告单里；而他的母亲，当天晚上就给我发了条短信："老师，很感动，真的。"

二、评语是"平"语，功夫在平时

班主任评语虽然是期末撰写的，但功夫在平时。我们时常看到一些班主任因为要写评语而备感头痛，感觉黔驴技穷，不知写什么好，甚至看到一些班主任在网络上搜寻一些句子来对号入座。是啊，一个没有爱心和责任心的班主任是难以写出高水平的评语的。只有热爱、关注每一位学生，关心他们的学习、生活，关心他们的成长和身心健康，乃至他们的家庭，经常和他们交心、谈心，了解他们对学习的感受及与同学交往的乐趣、成长的烦恼与快乐，写出来的评语才会动人。

一个没有细致观察力的班主任是难以写出温馨感人的评语的。一个优秀的班主任总是在用一双慧眼观察着学生，观察他们的一举一动、一言一行，发现他们的闪光点和不足之处，为撰写评语不断地积累素材。

一个没有欣赏水平的班主任是难以写出优秀的评语的。学生中从不缺少美，缺少的是善于欣赏的人，学生的真诚和小小的"狡黠"，学生为提高成绩所付出的努力，学生对班集体的依恋和热爱、对老师的信任和依赖，每时每处都充满着美。

你以你固有的节奏对待一切。老师欣赏你的稳重，有主见，有思想，而且坚定不移地恪守自己独特的情操。对于14岁的孩子来说，这种品质确实是难能可贵的。将来面对世事沉浮，你一定也会以你独有的方式傲视中流。

喜欢读你的文字，文字在你的笔下不再显得苍白，语言在你的笔下不再显得平淡。你的文章极富思辨性，文如其人，你也是位非常懂事、理智的孩子。你给老师的印象就是踏实、可靠，同学们喜欢亲热地叫你"姐"，包括许多可爱的男生。你也同样回报以温暖的笑。你的善解人意是同学间友爱融洽的润滑剂，所以你的人缘相当好。

喜欢你骨子里那股不服输的劲，尽管偶尔有点失落，但也不失纯真。老师知道你曾经在小学里非常优秀，到了初中有点不冒尖，老师从字里行间感受到你心里的难过。可是你一直在努力，这一点老师很佩服你。人只有不停地与自己的灵魂搏斗才能真正长大。

作为政治课代表，你迫切希望自己政治成绩优秀，有时候成绩不尽如人意，我看到你难受的样子也很心疼。希望你不要有思想包袱，轻装上阵，才能有所突破。

老师还发现你性格里有一种非常宝贵的东西，那就是仗义执言，坚持真理。从你几次和老师的交流中，老师发现你的坦诚、直言、坦率。我相信，你同样对待同学，非但不会影响友谊，反而会使你们之间更加透明、更加亲密。在辩证中明白道理，在交往中拨正方向。老师很欣赏你的为人，真心希望你能永远保留这份真诚！作为副班长，老师相信你能用真心换来你在同学们心中的威信。

永远希望你能快乐，不要被暂时的不够冒尖而弄得怅然若失。

这是我写给一个好强又有点自卑、正直又有点失落的女孩子的。这样的女孩子，如果妄图仅仅通过面谈方式来解开她内心的小疙瘩是不可能的。而书信最大的优势就是通过一个个文字，让一缕缕情感如涓涓细流慢慢渗进内心深处。书信的可保留可反复阅读，对于学生漫长的求学路与人生成长路而言，也是具有纪念意义的。可以想象，若干年后，当学生们打开这一封封凝结着老师真情的书信时，浮现在眼前的一定是格外美好的回忆。

三、评语是"平"语，写的是平常事

在给学生撰写评语时，应该走出板着面孔、冷静、严肃、过分客观的"解剖圈子"，力求使评语亲切，生动感人；评语的形式可以多样——一篇简短的散文、几句警世的格言、一首诗、一个有教育意义的故事，甚至一副对联，都可以作为评语的形式。评语的内容可以更加宽泛一些，省略共性，彰显个性。可以根据学生不同的个性特点和教育实际的需要，随意点染，或鼓励，或希望，或委婉批评。一句平常话、一件平凡事、一个令人难忘的眼神、一个有特色的举动、一次成败的经历等，都可以作为评语的切入点。

（江苏省昆山市葛江中学　于　洁）

[专家视角]
教育原来可以如此美丽

当很多班主任苦于传统的说服教育对于今天的"90后"、"00后"学生不再奏效时，一些充满时代气息的新沟通方式应运而生了。它们似乎是为这些独一无二的孩子量身打造的。正应了那句古话，"教学有法而无定法"，班主任的工作方式方法更应该丰富多彩。在某种意义上，人类一切优秀的文化资源都可以成为班主任的教育资源，如音乐、绘画、诗歌、影视、体育、美育，等等。这些为学生喜闻乐见的交流方式源于班主任对学生无私的爱，以及因为爱孩子而萌生的无限的教育智慧，使教育因为爱、因为智慧而变得更加美丽，因为爱、因为智慧，班主任工作成为一项神圣而伟大的事业。

这里介绍了几种班主任与学生独特的对话方式。

访谈类交流：陈宇老师借鉴了电视台的一些名牌访谈节目，如《实话实说》《艺术人生》等，创造性地开发了系列主题班会《师话实说》，把老师、学校领导请来参与班会活动，在谈话类节目中与学生平等对话、交流，谈谈自己的成长经历、感悟心得、个人爱好，同时接受学生的现场提问。通过角色互换，将教师和领导从"圣坛"上请下来，呈现自己不为学生所知的生活化的一面，还原了教师形象的丰富性和真实性。这样的活动极具可行性，对教师、领导和学生而言因创意新颖而富有神秘感，改变了人们对班会课就是搞活动、就是讲大道理的刻板印象。

周记类对话：于洁老师在周记中与学生聊聊班上的那些人、那些事，告诉我们"教育即生活"的道理。学生在学校的一切就是生活本身。同学之间、师生之间可能有误解、曲解或不解，学会与人相处、学会沟通本身就是学习，就是生活本身。她与处于人生十字路口彷徨的初中生小强的书信交流，对小强当前状态的分析，对走出困境的方法指导，如：第一，寻求倾诉对象；第二，除了自己正常的学习以外，让自己的生活充实起来；第三，饮食调节。这些都告诉我们，于洁老师是一个懂孩子的人，因为这份理解与尊重，她才能走进学生的心灵深处。

书信式交流：当家长和老师们面对青春期学生萌发的爱意无计可施时，于洁老师用她那女性特有的细腻情感和丰富的人生阅历，与青春期的少男少女们直面那份美好的情感，用自己的人生经历诠释女性应有的矜持和对这份美好情感的持守，这无疑是现今学校教育最为缺失的也是少男少女最需要的"爱的教育"。正如于洁老师在给学生的信中所说，"哪个少女不怀春"。正是基于她对学生这份美好情感的尊重，对女生如何处理情感问题方法的指导，如把烦恼写在纸条上然后扔掉，俨然化身成为学生的闺蜜。"不把爱意看成洪水猛兽，不伤害学生，不忘记自己也曾经有过青春时分。"这样的处事态度才会走进学生的心灵深处。周记类对话或书信式交流无疑是个别教育中最有效的途径和方法。

人物素描：在繁忙的事务性工作中，很多班主任老师往往是既忘记了学生，又忘记了自己。而陈斌老师却保持了一个很好的习惯，那就是用他细腻的笔记录那些印象中的学生。这样的人物素描就像印象派绘画一样，虽是寥寥几笔，但却给人留下了深刻印象。在这些人物素描中，陈老师是把一个个学生当作自己的镜子，在他们身上发现孩子们成长变化的同时，也是在记录自己的成长——从一个毫无经验可言的稚嫩的班主任，不断走向成熟的心路历程。陈老师在这里表现出的自我反思和批判精神是非常可贵的，也因为有了这样的批判精神，才能不断成长和进步。令人感动的是，陈老师不断提到要感谢学生，感谢他们对自己的宽容，感谢他们没有记恨自己的过失以及给他们造成的伤害，那种真情、真诚令人动容。而这样的真情告白也一定会感动学生，所以才会有"我庆幸能够在最后时刻收获一个信任我的学生"。这样一个有缺点并不断改正缺点的班主任，让我们觉得可亲可敬。

评语沟通：那些一味板着面孔、冷静客观的教育式评语，被我们的老师沿用了多年，但效果如何呢？当于洁老师将浓浓的感情倾注在给学生的评语中时，仿佛起到了点石成金的作用，那一个个充满温馨、带着真诚和浓浓的爱意流淌出的文字一定会如涓涓细流滋润学生和家长的心田。正如于洁老师所说，评语不仅是写给家长看的，更是写给学生看的，所以要用平等的语言；而"书信的可保留可反复阅读，对于学生漫长的求学路与人生成长路而言，也是具有纪念意义的。可以想象，若干年后，当学生们打开这一封封凝结着老师真情的书信时，浮现在眼前的一定是格外美好的回忆"。而拥有这样一份美好回忆的人一定是幸福的，不断创造这份幸福的人也一定是幸福的。

（南京师范大学班主任研究中心　齐学红）

后记

教育路上，你不是踽踽独行者

23年来，我目睹过很多班主任发自内心深处的沮丧。

记得那是我工作的第二年，隔壁班里一个男孩子在大考结束后的下午私自到学校旁边河里游泳，结果淹死了。他的班主任是个即将退休的男教师，精明能干，做事沉着镇定，但在家长哭闹时，他默默无语。后来私下里他垂着头默默地说了一句话："要是我在学生考完试后再去班级强调一下别到河里游泳就好了。"那句话给了我很大的震撼。其实这个学生的死亡和他是全然没有关系的，可是他的哀伤与歉疚却溢于言表。他是多么希望自己没有半点遗憾地退休啊。也许就是因为种种的牵挂与不安，让我们这些做班主任的心力交瘁吧。也许小小的一点美中不足也是致命的一击，让我们所有的努力化为泡影。于是，我们有了职业倦怠感。于是，我们心里开始盘算着怎么才能不当这个班主任了。

我在读初中的时候，一次体育老师检测800米。那时候我人很小，体质很弱，没有锻炼过长跑，好不容易跑到终点，人几乎要死过去了，却还是听到了冷冰冰的声音："你没过关。"那时候，真是如丧考妣般地哀嚎！体育老师却微笑着喊："有没有要再来一次的？"本来以为自己肯定没力气站起来的，想不到爬起来的时候却发现自己又有了重新开始的勇气，于是再跑了一次，竟然及格了。我从来不知道自己可以连续跑1600米，从来不知道自己有如此好的耐力。在大家惊愕的目光中，体育老师告诉我们："人的力气是用不完的，用完了还会再来。"这件事情给了我很大的启发。每当遇到难事的时候，我总是安慰自己说：

"没事，熬一下就过去了，一切都会过去的，睡一觉就会好的。"于是，在很多次遇到学生问题头痛不已的时候，我也这样鼓励自己。果然，一届一届就这样过来了。

我常常听到各行各业的人对自己职业的很多抱怨，似乎每个人都觉得自己是世界上最苦的人，而别人是最轻松快活的人。其实，家家都有本难念的经。我一直记得刚工作不久，有一次听一位优秀班主任的经验介绍，我们用仰慕的眼神看着她，当她淡定地介绍她是如何处理班级里那些早恋的、离家出走的、偷窃的事情时，恍然大悟，原来优秀班主任班级里也总是出事情啊！那是我听了报告后最大的一个感触。那么她和我们的区别到底在哪里呢？明白了，她是在想办法处理事情，我们是在慌乱里逃避事情。我们都不是神，没有神力可以让自己的班级永远太平没有一点烦心事。当有事情发生时，让我们镇定地去对待和处理。先告诉自己这些事情的发生都是正常的，接下来就看我们处理事情的能力了。处理完了，再做个记录，举重若轻、轻描淡写，何等潇潇洒洒。

其实，我们的生活里，并不仅仅有烦心事，对不对？我们时常有小小的幸福感的。今天的课堂上，那个一直调皮捣蛋的孩子比较安静；那个顽劣的孩子走过我们身边的时候声音低低地说"老师好"；那个一直稀里糊涂的孩子数学作业做对了几道题目；今天的卫生搞得不错，得了流动红旗……这些都会让我们的心情有些愉悦。毕业的时候，发现每个孩子都很可爱，其实我们的心里是一直爱着他们的，对不对？再顽劣的孩子，你若是对他笑一笑，他也是有点害羞的，对不对？

是什么让我们不快乐？也许是功利心作怪。是什么让我们有职业的倦怠？也许是我们缺少了小小的成就感。我一直记得父亲送我的一句话："教师不仅仅是一种谋生的职业，它更是一种修炼，帮助你达到人生境界的圆满。"是的，当我们成就学生的时候，更应该心怀感恩，其实，是学生成就了我们。是的，当我们抛弃了功利心，以饱满的精神面对学生时，我们就是学生心目中的神啊。

在面对层出不穷的教育问题时，一群热爱班主任工作的同道中人渐渐聚合起来。于是，"班主任之家"、"陈宇班主任工作室"、"于洁沙龙"、"于洁班主任工作室"等草根团体应运而生。大家定期在网络上开展主题交流，定期面对面探讨，在南京师范大学班主任研究中心齐学红教授的组织下，将大家的智慧集结起来，形成了今天这样一本集经典案例、案例点评、专家解读为一体的集子。它力图超越以往的案例汇编，将班主任的实践智慧加以理论上的提炼和概括，进而探寻班主任与学生沟通的规律与方法，以期对班主任教育实践有一定的指导作用。为此，大家相互切磋、相互琢磨、分享智慧、共同成长。这样的教育生态和研究方式本身，无疑有助于班主任自身的专业成长。而这些生动感人的案例故事也为我们呈现了一线班主任丰富多彩的精神世界。班主任与学生的沟通既是一门学问，也是一项终身的修炼。

特别感谢参加本书编写的老师们。陈宇、陈斌、费佳玉、秦桂海、钟晓龙、谢英、成士桂、顾取英、徐花、戴雪梅、刘兴平、赵丹、王千、张莉、钟海琴、张锰、俞亚年还有我，都是长期从事班主任工作至今仍在从事班主任工作的人。我们的案例故事真实，我们的反思供您参考。

教育路上，你不是踽踽独行者，有你，有我，有我们。

江苏省昆山市葛江中学　于　洁
2014年6月10日

责任编辑　张万珠
装帧设计　许　扬
责任印制　梁燕青

图书在版编目（CIP）数据

优秀班主任都是沟通高手／齐学红主编．—北京：中国人民大学出版社，2014.9
ISBN 978-7-300-19741-8

Ⅰ.①优… Ⅱ.①齐… Ⅲ.①班主任工作
Ⅳ.①G451.6

中国版本图书馆CIP数据核字（2014）第159160号

优秀班主任都是沟通高手
主　编　齐学红
Youxiu Banzhuren Doushi Goutong Gaoshou

出版发行	中国人民大学出版社			
社　　址	北京中关村大街31号	邮政编码	100080	
电　　话	010-62511242（总编室）	010-62511770（质管部）		
	010-82501766（邮购部）	010-62514148（门市部）		
	010-62515195（发行公司）	010-62515275（盗版举报）		
网　　址	http://www.crup.com.cn			
经　　销	新华书店			
印　　刷	北京华宇信诺印刷有限公司			
规　　格	720 mm×1000 mm　1/16	版　次	2014年9月第1版	
印　　张	14.75	印　次	2023年5月第10次印刷	
字　　数	200 000	定　价	35.00元	

版权所有　侵权必究　印装差错　负责调换